福书寿牒

——天津市文物交流中心藏《宝典福书》《元音寿牒》

天津市文物交流中心 编

文物出版社

图书在版编目（CIP）数据

福书寿牒 ：天津市文物交流中心藏《宝典福书》《元音寿牒》 / 天津市文物交流中心编. -- 北京 ：文物出版社，2024. 9. -- ISBN 978-7-5010-8536-1

Ⅰ. K876.92；J292.26

中国国家版本馆CIP数据核字第2024LU9584号

福书寿牒——天津市文物交流中心藏《宝典福书》《元音寿牒》

编　　者：天津市文物交流中心

责任编辑：冯冬梅
封面设计：程星涛
责任印制：王　芳
出版发行：文物出版社
社　　址：北京市东城区东直门内北小街2号楼
邮　　编：100007
网　　址：http://www.wenwu.com
邮　　箱：wenwu1957@126.com
经　　销：新华书店
印　　刷：文物出版社印刷厂有限公司
开　　本：889mm×1194mm　1/16
印　　张：9.5
版　　次：2024年9月第1版
印　　次：2024年9月第1次印刷
书　　号：ISBN 978-7-5010-8536-1
定　　价：320.00元

编辑委员会

目录

前言

天津市文物交流中心前身是成立于1961年的天津市文物公司，后于2020年改为现名。作为国内最早的国有文物艺术品经营单位之一，中心坚持以收集、保护社会流散文物为己任，在63年的勉力发展中购藏了大量珍贵文物，涵盖书法、绘画、瓷器、玉器、玺印、砚台、佛像、敦煌文献等不同类别，并为多家文博单位、科研院校等收藏机构提供文物艺术品近万件。截至2023年底，中心现有各类文物商品共计35万件（套）。

近年来，在对库存文物进行整理的过程中，业务人员认真研究相关档案史料并比对已刊布的图片资料，复经故宫博物院专家鉴定，确认中心收藏的《宝典福书》《元音寿牒》缂丝册页是目前除故宫博物院藏品外存世仅知的一套，殊为难得。为更好发挥库存文物资源在服务公众、学术研究等方面的作用，现编印出版《福书寿牒——天津市文物交流中心藏〈宝典福书〉〈元音寿牒〉》一书。

《宝典福书》的『宝典』语出《周礼订义》：『天府所藏以为国之宝典。』现泛指珍贵的典籍。《元音寿牒》的『元音』语出《周易孔义集说》：『乐以人声为本，而人声以天声为本。雷者，天之声中声也，纯刚无欲，乃元音也。』古时以小简为牒，大简为册，薄者为牒，厚者为牍。清代乾隆时期，因乾隆帝的个人好尚，当时的清宫藏品大都具有极高的艺术造诣和精湛的工艺水准，记录了那个时代空前强盛的国力，反映出乾隆帝追求皇家气派、追求超迈古今的审美情趣，同时也带动了整个社会文化艺术的发展。乾隆五十五年（1790年），乾隆帝迎来八十寿辰，朝臣们挖空心思准备贺礼。奉命总办万寿庆典的文华殿大学士和珅与工部尚书金简从乾隆帝历年御制诗文中选取带有『福』字和『寿』字的吉语各120条，制成240方印章，和珅进献的是两组青田石印章，金简进献的是两组铜镀金印章。一同总办万寿庆典的刑部尚书胡季堂另辟蹊径，以金简所进铜镀金组印的印谱为本，结合和珅所进青田石组印的个别印文样式，用缂丝和刺绣工艺加以表现，制成《宝典福书》《元音寿牒》册页，署款『万寿八旬大庆乾隆庚戌元旦，臣胡季堂恭进』。现故宫博物院收藏四套《宝典福书》《元音寿牒》缂丝册页，其中两套带有胡季堂落款，此外另藏一套刺绣册页。

我中心收藏的《宝典福书》《元音寿牒》缂丝册页各16开，样式风格与故宫博物院所藏的几套册页相仿。首开以黑色丝线缂织隶书『宝典福书』『元音寿牒』，第2开至第16开各装饰120枚印文，每开8枚，分上下两排，上排4枚朱文印，下排4枚白文印，每枚印文上方均有以黑色丝线缂织成的楷书释文一一对应，四周边框装饰福寿题材的吉祥纹饰。两本册页高度还原了金简、和珅所进组印的印谱样貌，工艺考究，制作精良，极具历史和艺术价值，展现出中国古代织造匠人的杰出技艺。

缂丝又名『刻丝』，是我国古代丝织工艺中的名贵品种，其历史悠久，至迟于汉魏时期即已出现，并流行于隋唐、繁盛于宋金，且自宋代以来一直都是皇家御用织物。缂丝的织法极其费工费时，系以生丝为经、熟丝为纬，先将预定的图案纹样以墨线勾稿，画在经线面上，然后用多只装有不同色纬的小梭，运用戗、缂、绕、勾等技法，依照纹样轮廓和色彩将各色纬丝分段缂织，并按图稿所示与经线交织，成品正反两面的纹样和色彩完全一致。由于采用局部回纬织制，织物表面只显露彩色的纬纹和单色的地纬，纬丝并不贯穿整个幅面，花纹与素地、色与色之间有小空隙或断痕，形成『通经断纬』的艺术面貌。因工艺繁复、制成不易，缂丝素有『织中之圣』的美称，享誉天下。

中华民族是伟大的民族，创造了浩如烟海的文化艺术成就。通过《福书寿牒——天津市文物交流中心藏〈宝典福书〉〈元音寿牒〉》一书的出版，我们可以管中窥豹，领略中华优秀传统文化的博大精深。愿此书能为学术界和广大读者带来实用的研究信息，更能鲜活体现清代历史文化的独特魅力以及历代学人和文物工作者为延续中华文脉所付出的不懈努力。

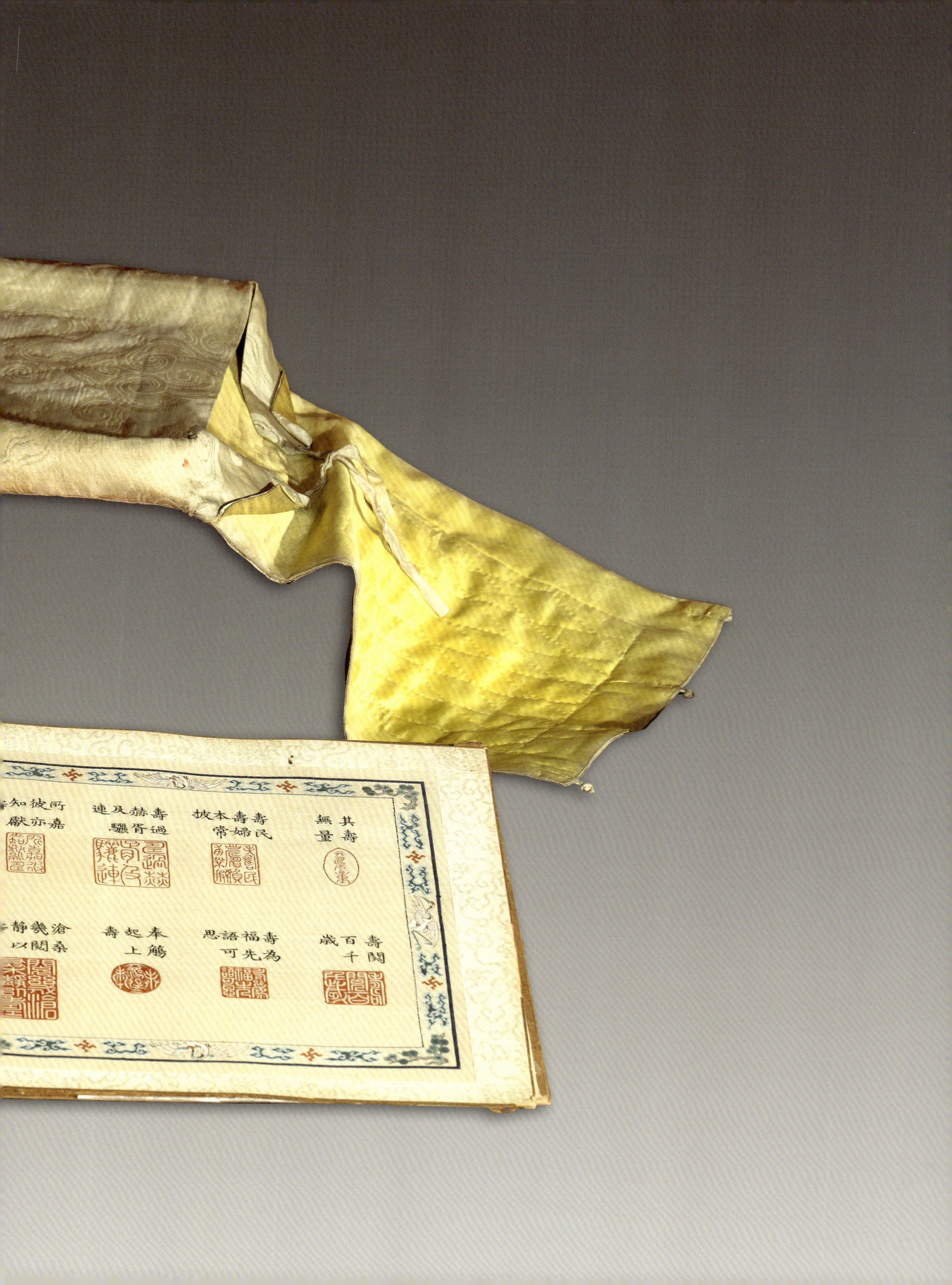
其壽無量

御製句寶典福書

御製句寶典福書

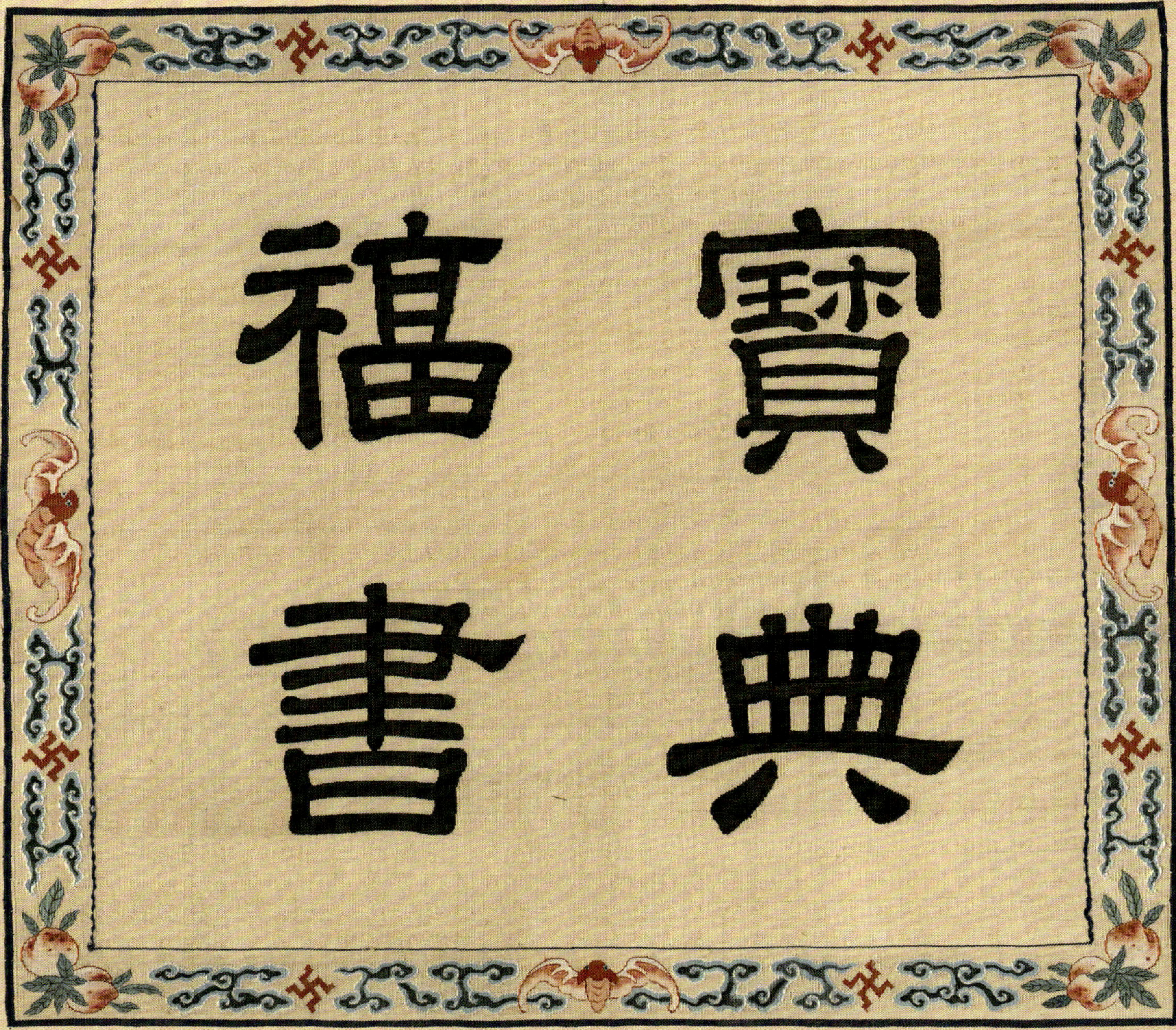
寶典
福書

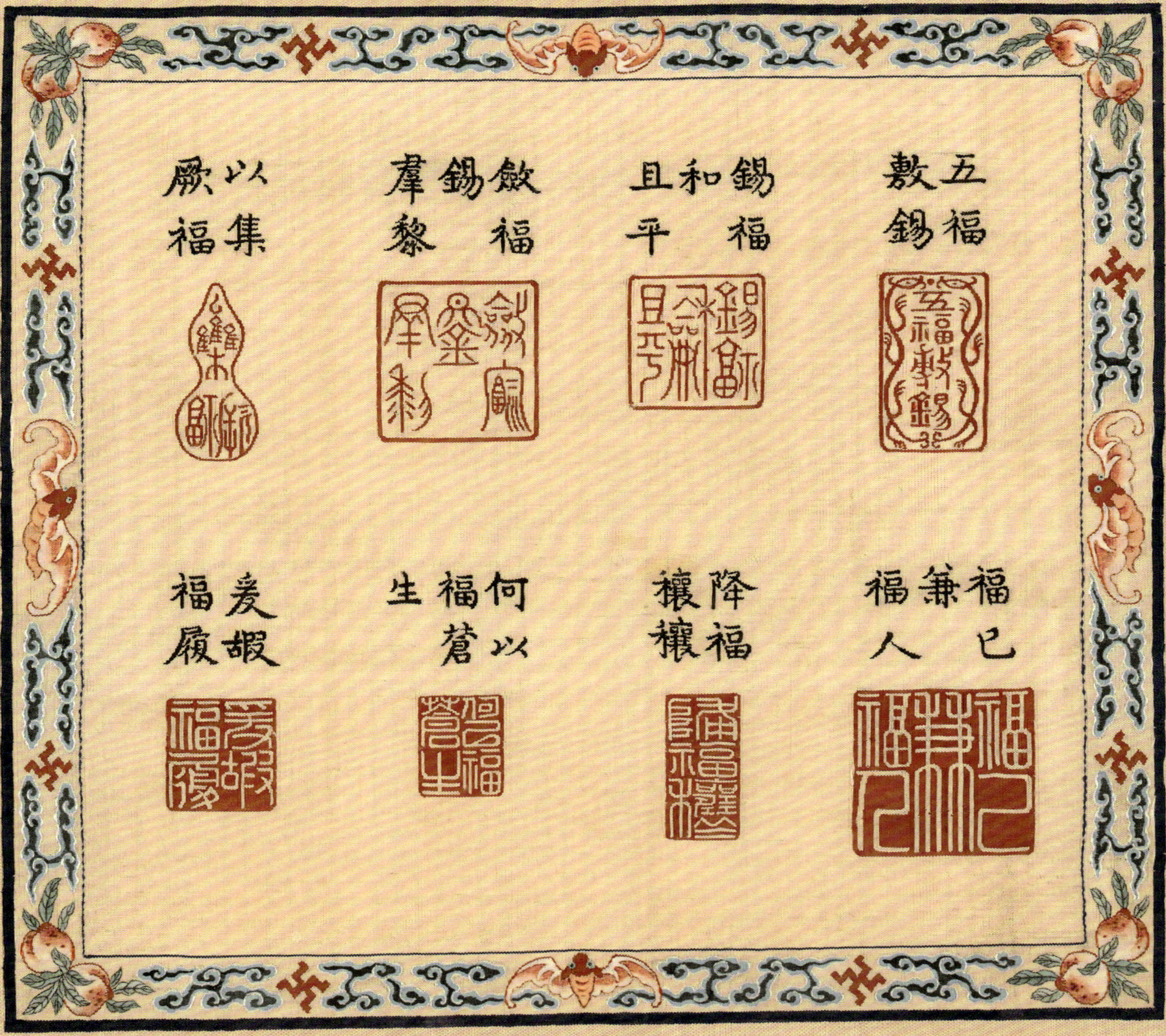
以集厥福
斂福錫羣黎
錫福和且平
五福敷錫
爰嘏福履
何以福蒼生
降福穰穰
福已兼福人

長期福祿佑塵褱

福自天錫

福我民兮

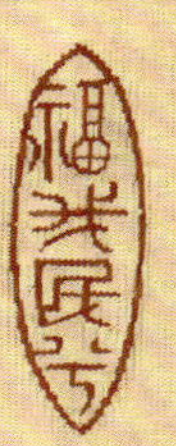

元宵百福并

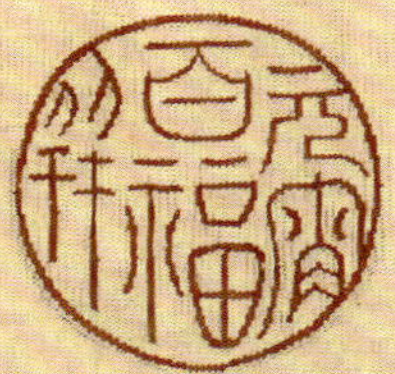

鄧尉光福相連迤

百福昌昌入鳳城

萬福共春来

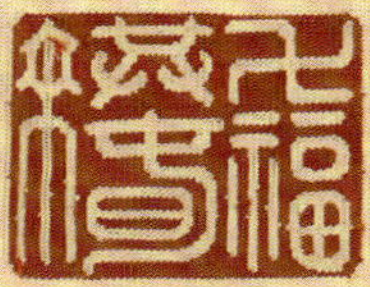

新年景福如川御

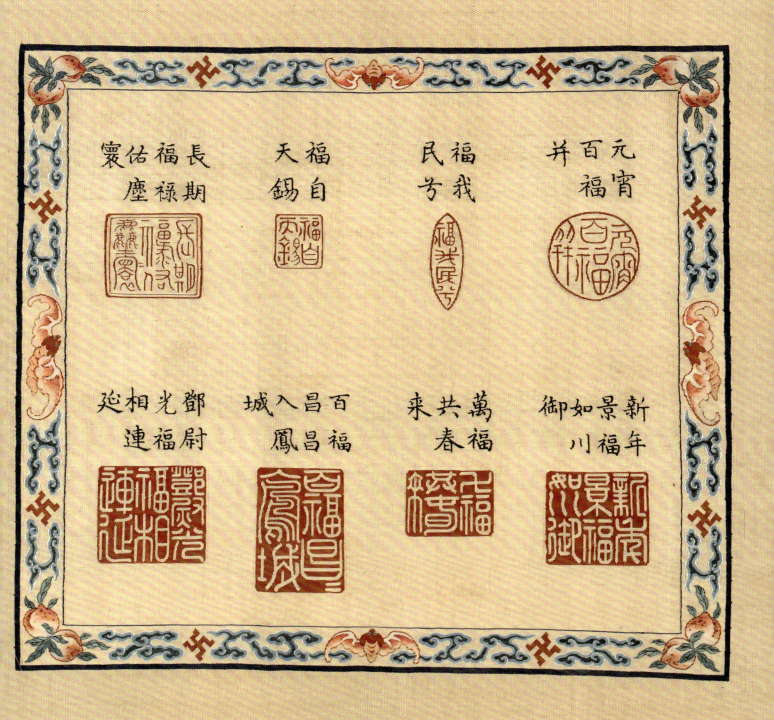

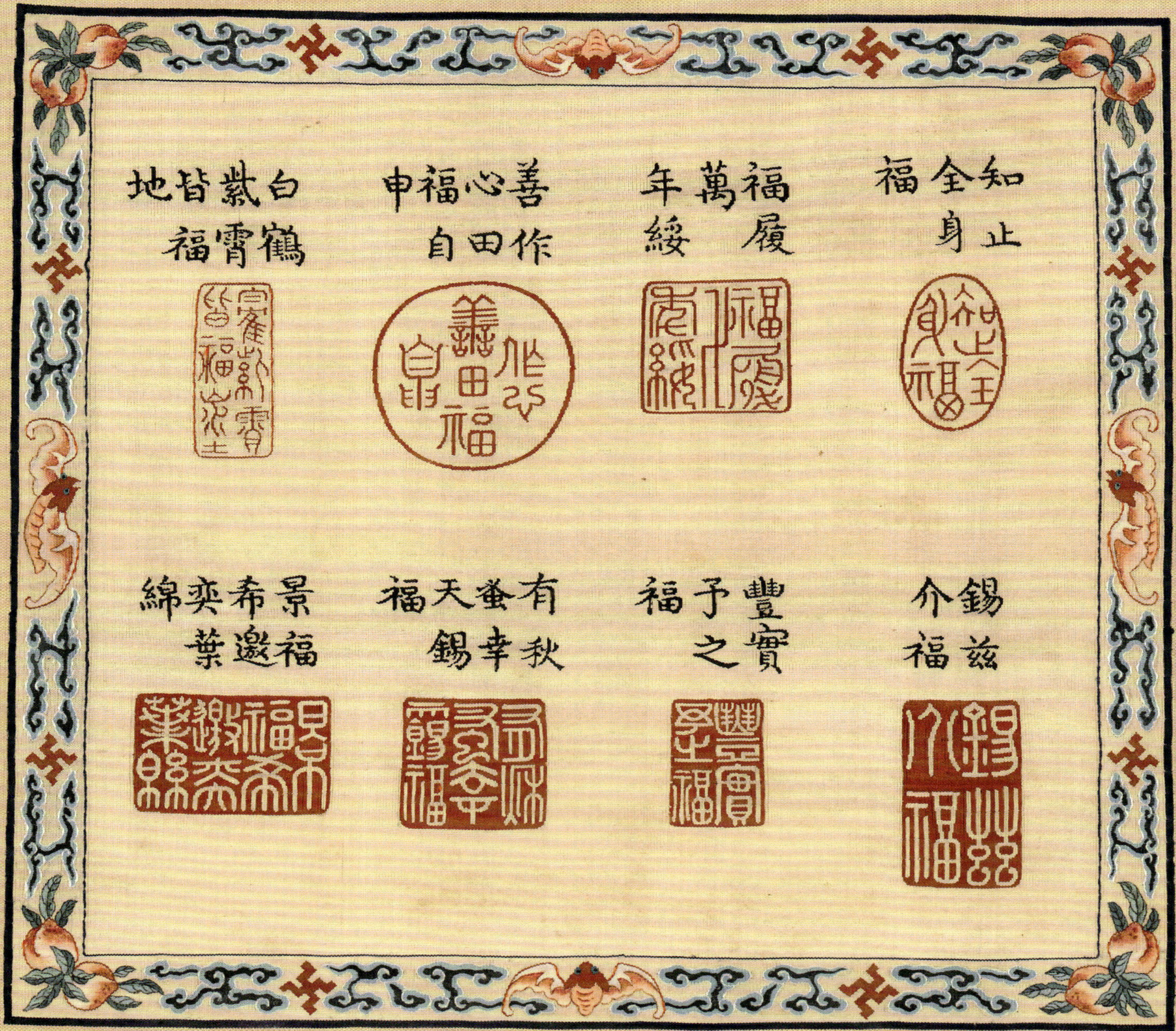
白鶴紫霄皆福地
善作心田福自申
福履萬年綏
知止全身福
景福希邀奕葉綿
有秋蚕幸天錫福
豐實予之福
錫茲介福

洞天福地列第九

獲莊嚴福果

臨軒書福慶恩昭

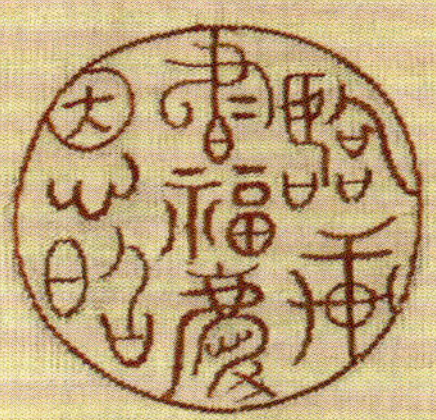

從龠屢獲福還申

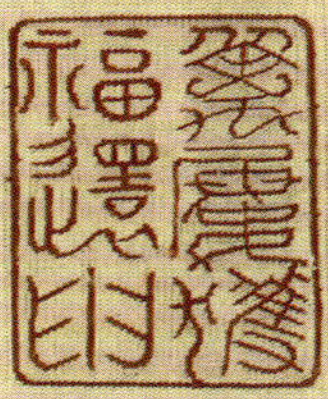

光福即崆峒

豈非天下福

得敎福地續琅書

如是則福

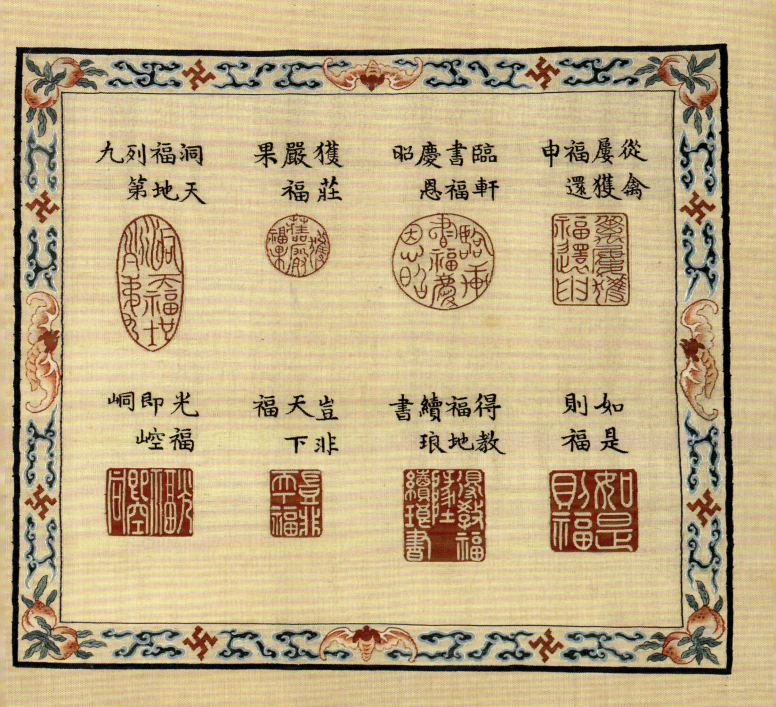

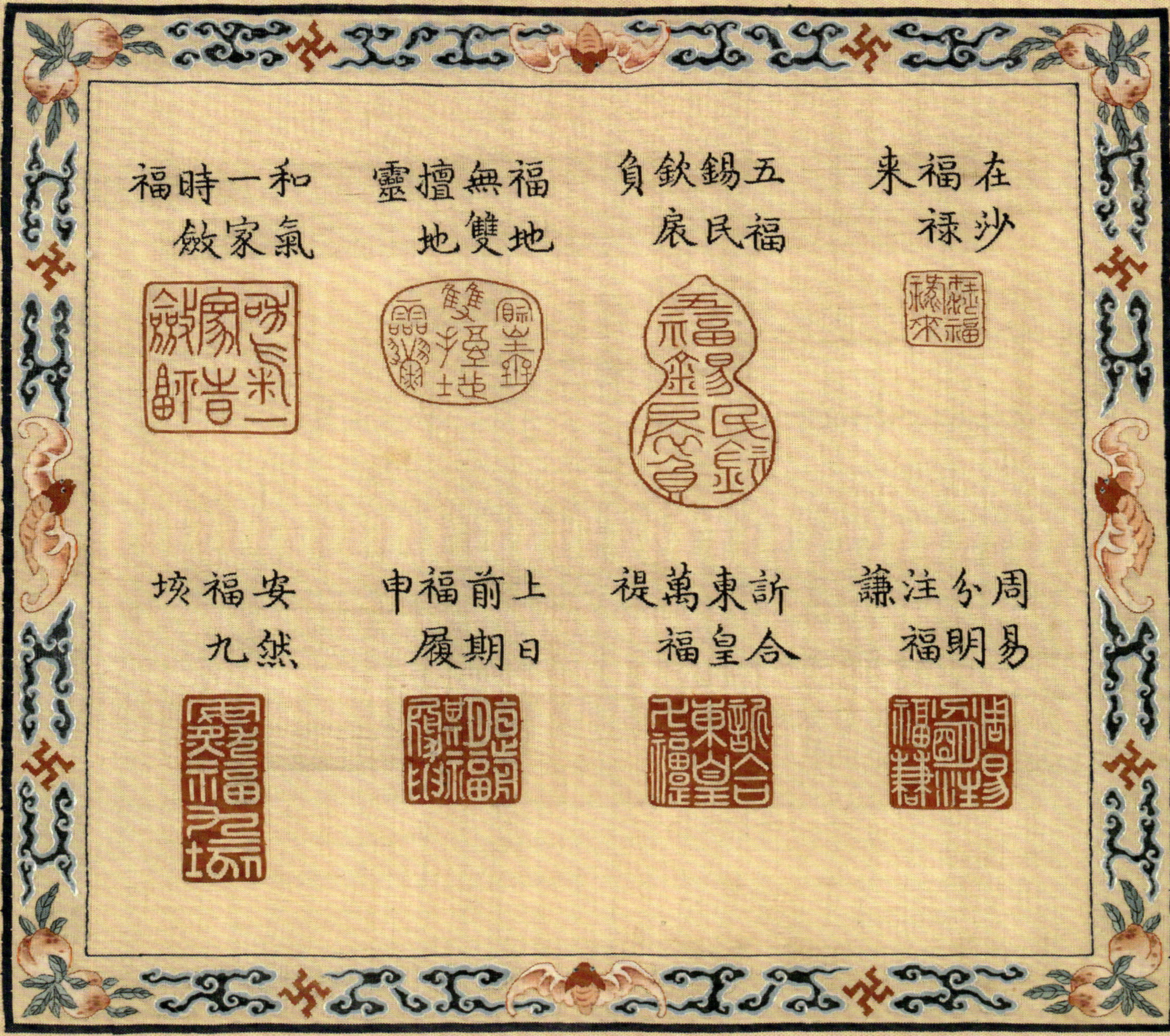
福時一和
斂家氣
靈擅無福
地雙地
負欽錫五
宸民福
来福在
禄沙
垓福安
九然
申福前上
履期日
禔萬東訢
福皇合
謙注分周
福明易

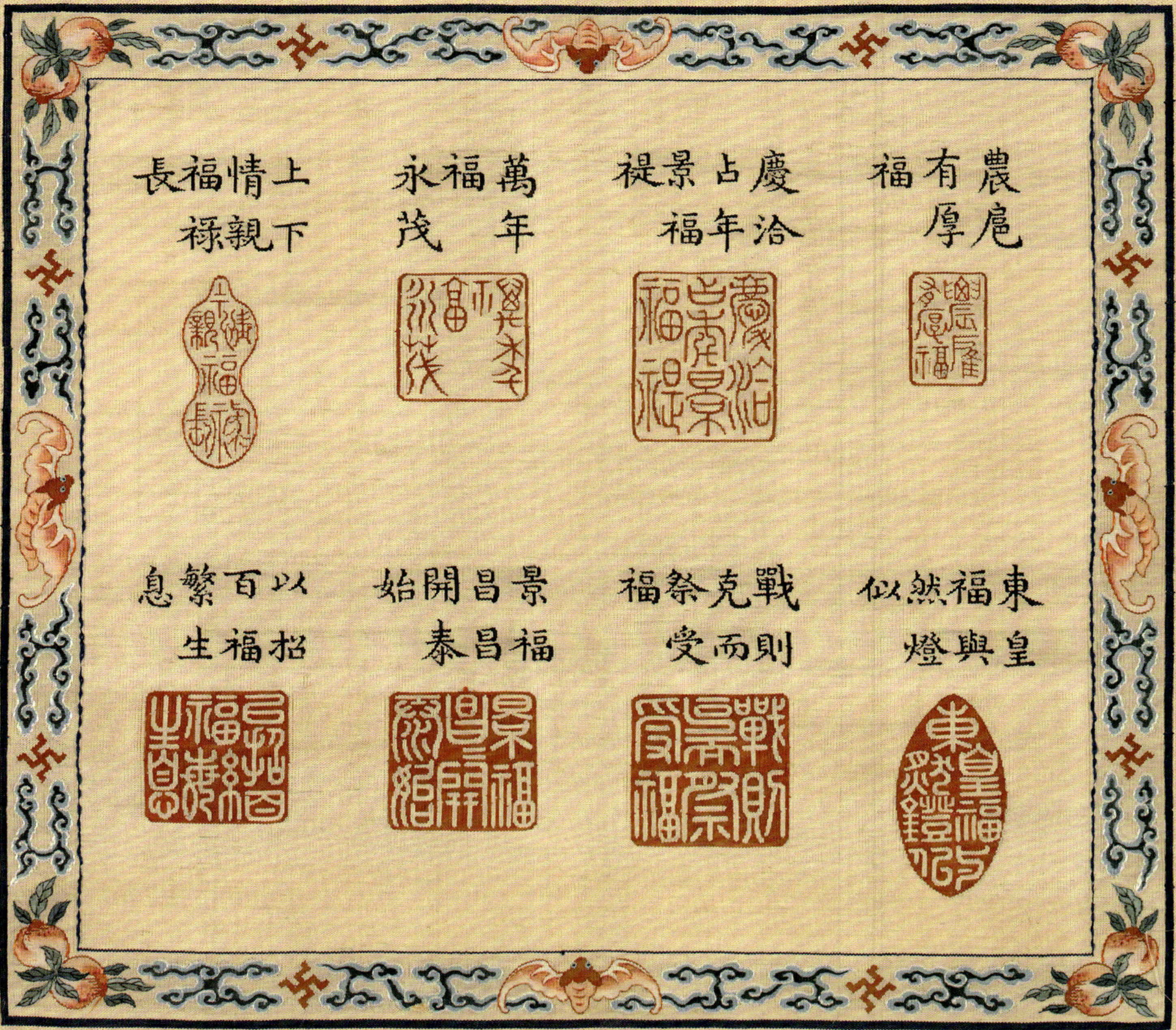
上下情親福祿長
萬年福永茂
慶洽占年景福禔
農扈有厚福
以招百福繁生息
景福昌昌開泰始
戰則克而祭受福
東皇福與然燈似

千祥萬福聚元正

福標壽原修為已

於萬斯年恒保此福

豫日符年福卜幾

敬己勤民籲天福

肯構億年延福履

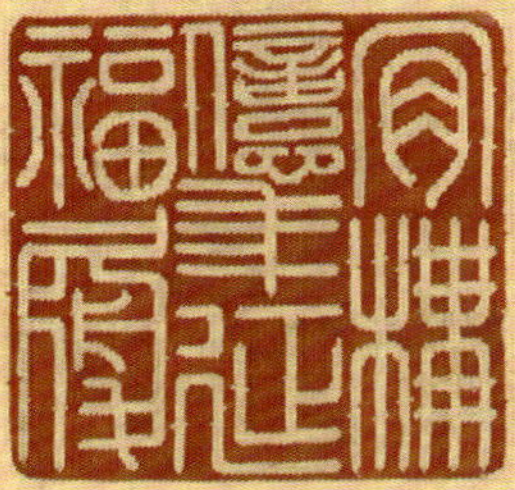

時若虔祈錫福仍

懽同百福成

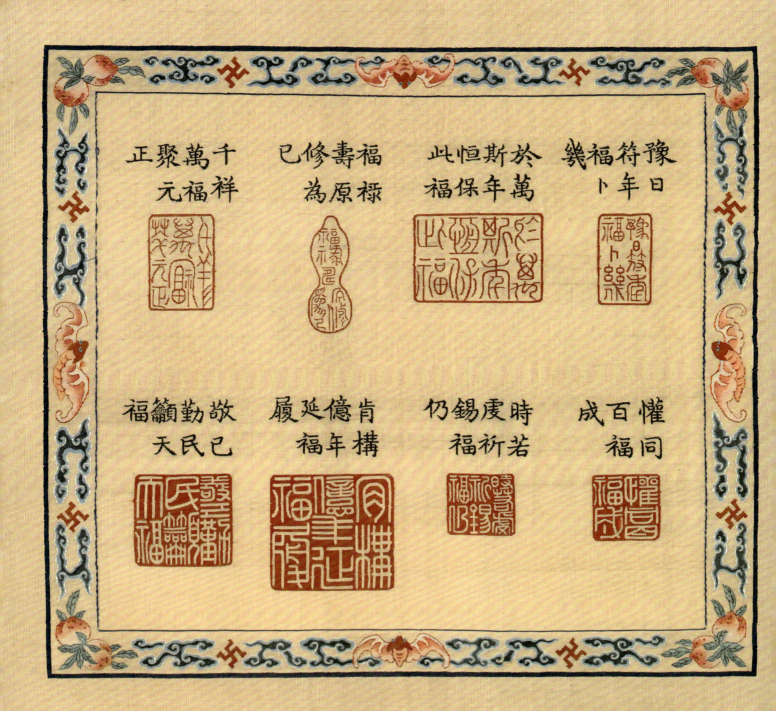

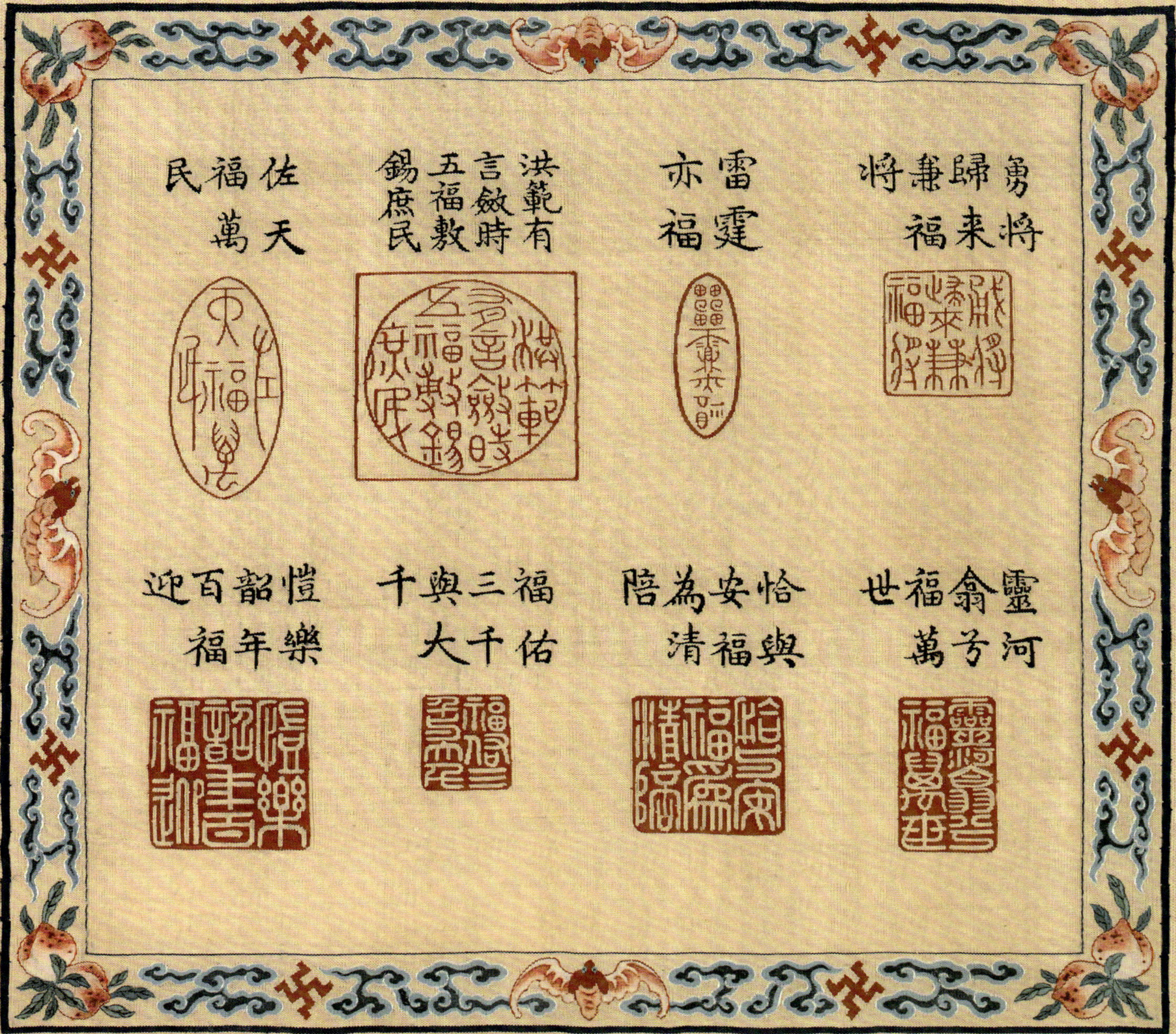
佐天福萬民
洪範有言斂時五福敷錫庶民
雷霆亦福
勇将歸来兼福将
愷樂韶年百福迎
福佑三千與大千
恰與安福為清陪
靈河翕兮福萬世

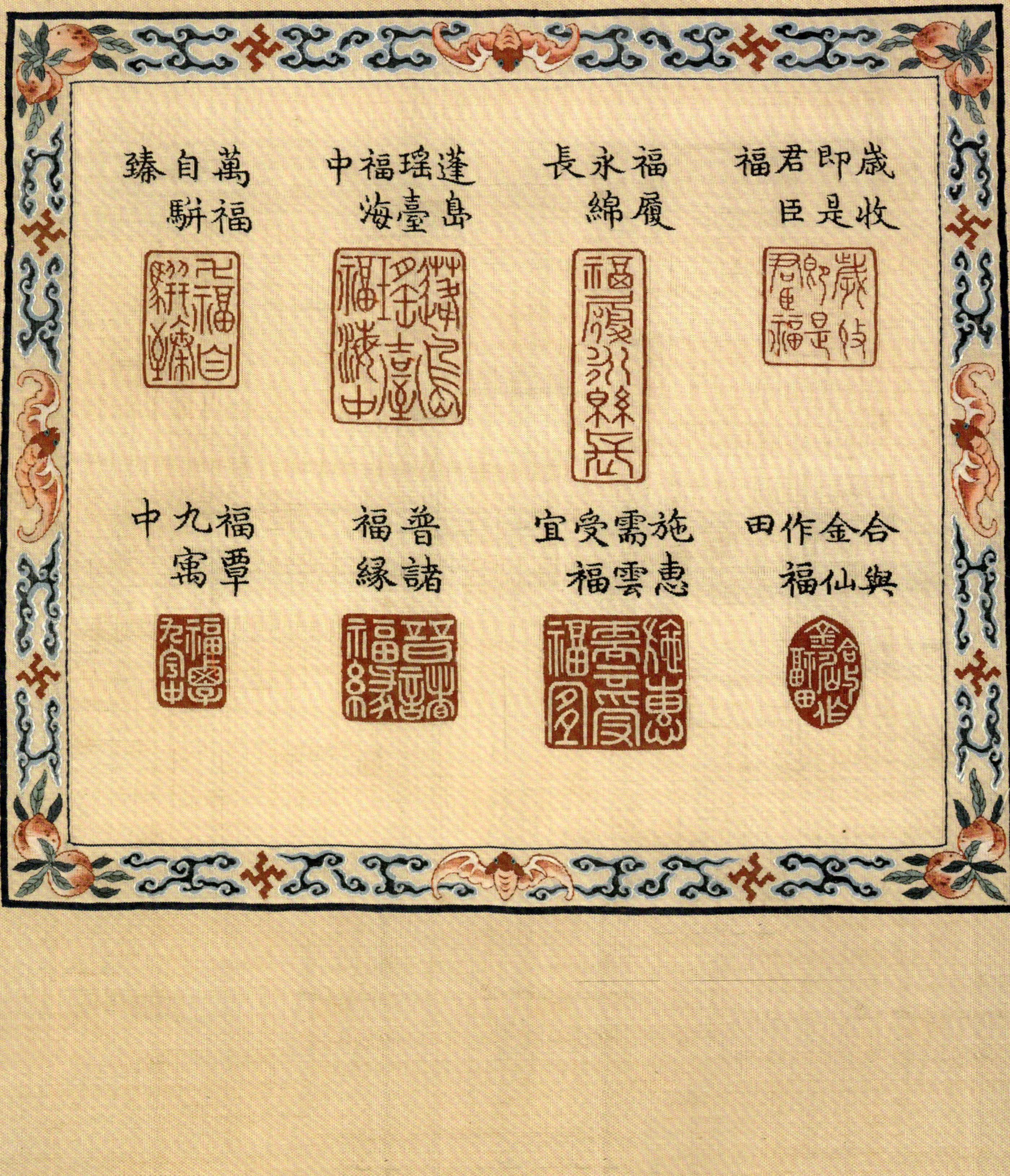
萬福自駢臻
蓬島瑤臺福海中
福履永綿長
歲收即是君臣福
福覃九寓中
普諸福緣
施惠需雲受福宜
合與金仙作福田

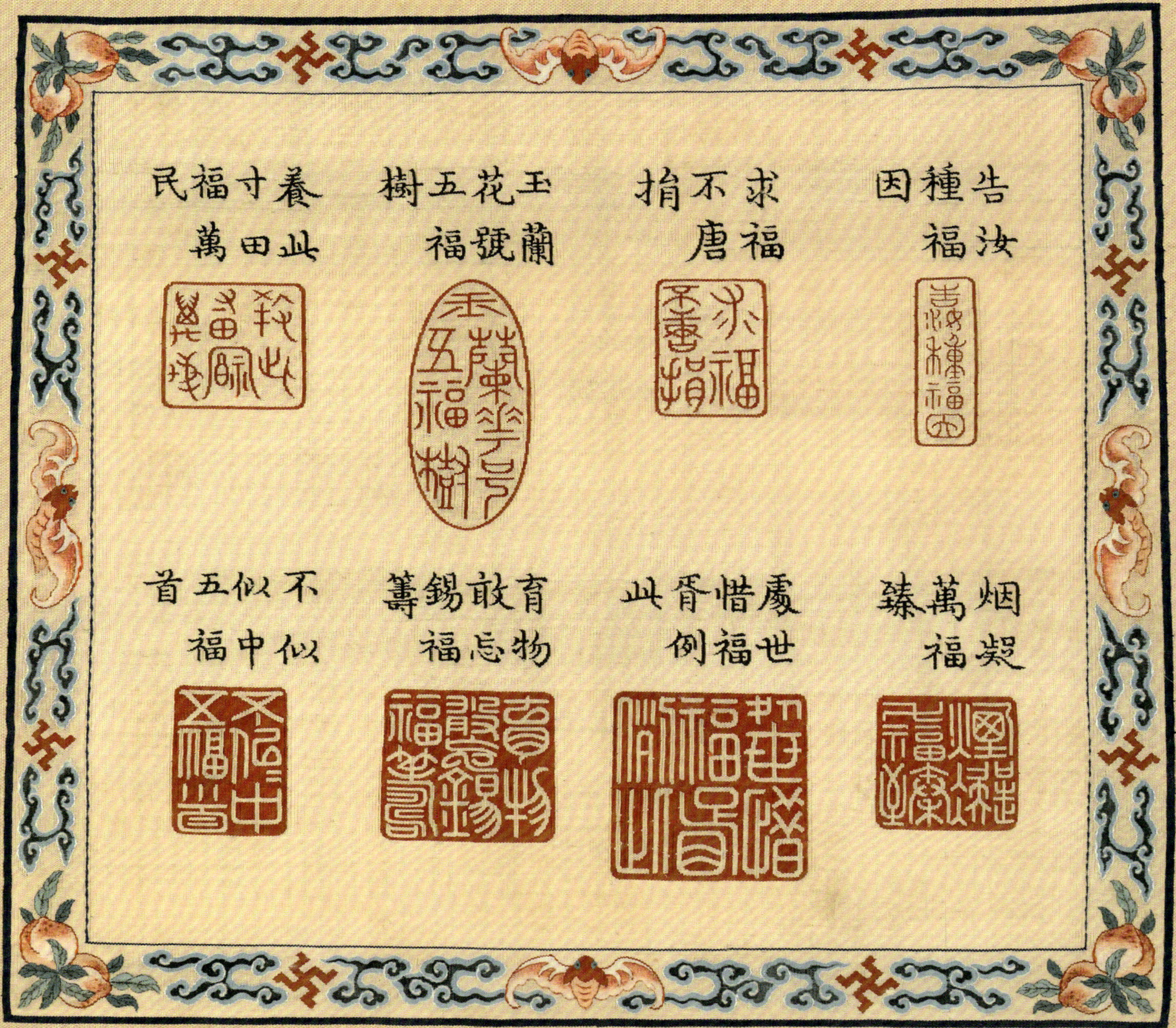
民福寸養
萬田此
樹五花玉
福號蘭
捐不求
唐福
因種告
福汝
首五似不
福中似
籌錫敢育
福忘物
此胥惜處
例福世
臻萬烟
福熙

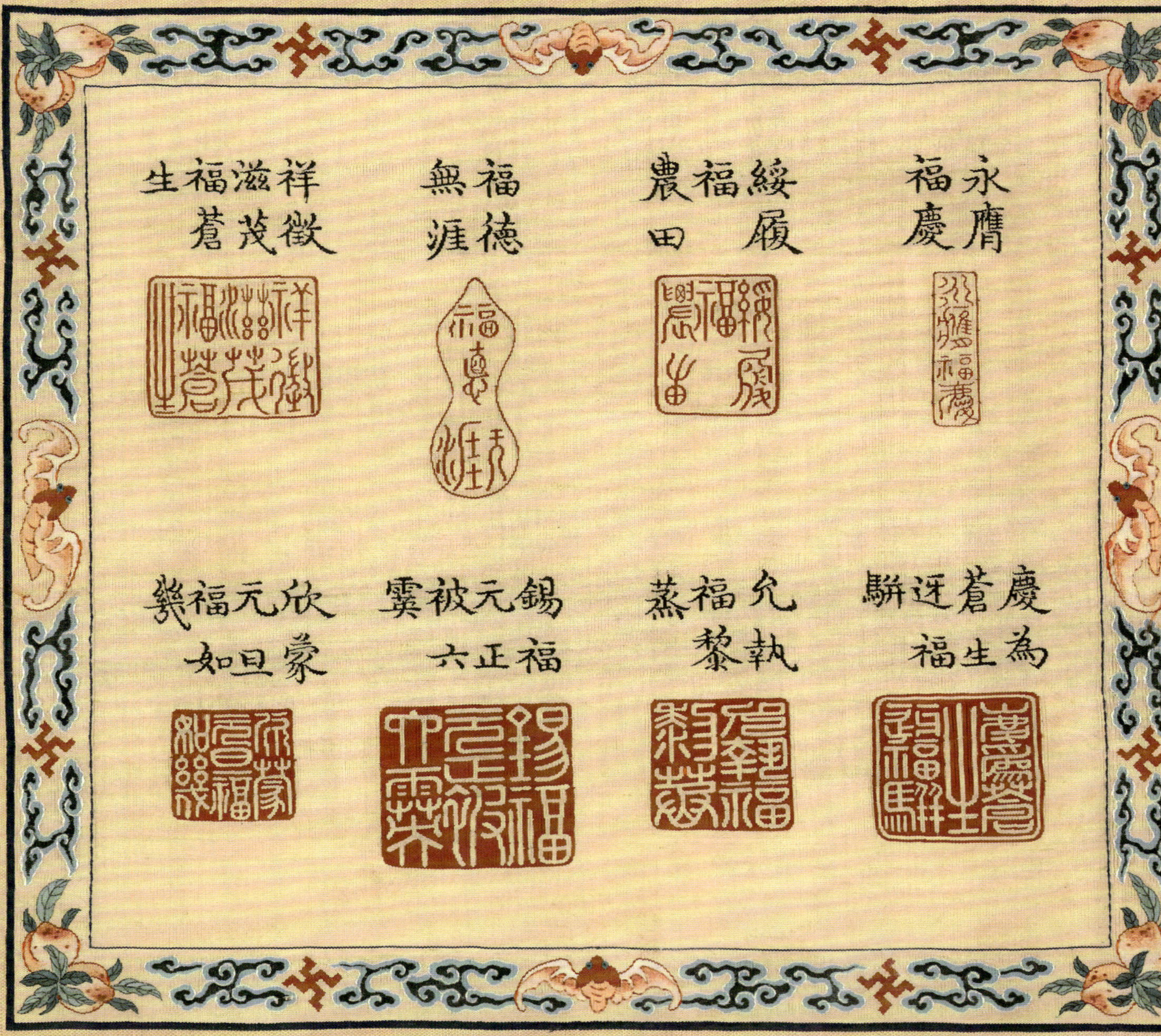
永膺福慶
綏履福農田
福德無涯
祥徵滋茂福蒼生
慶為蒼生迓福駢
允執福黎蒸
錫福元正被六霙
欣蒙元旦福如幾

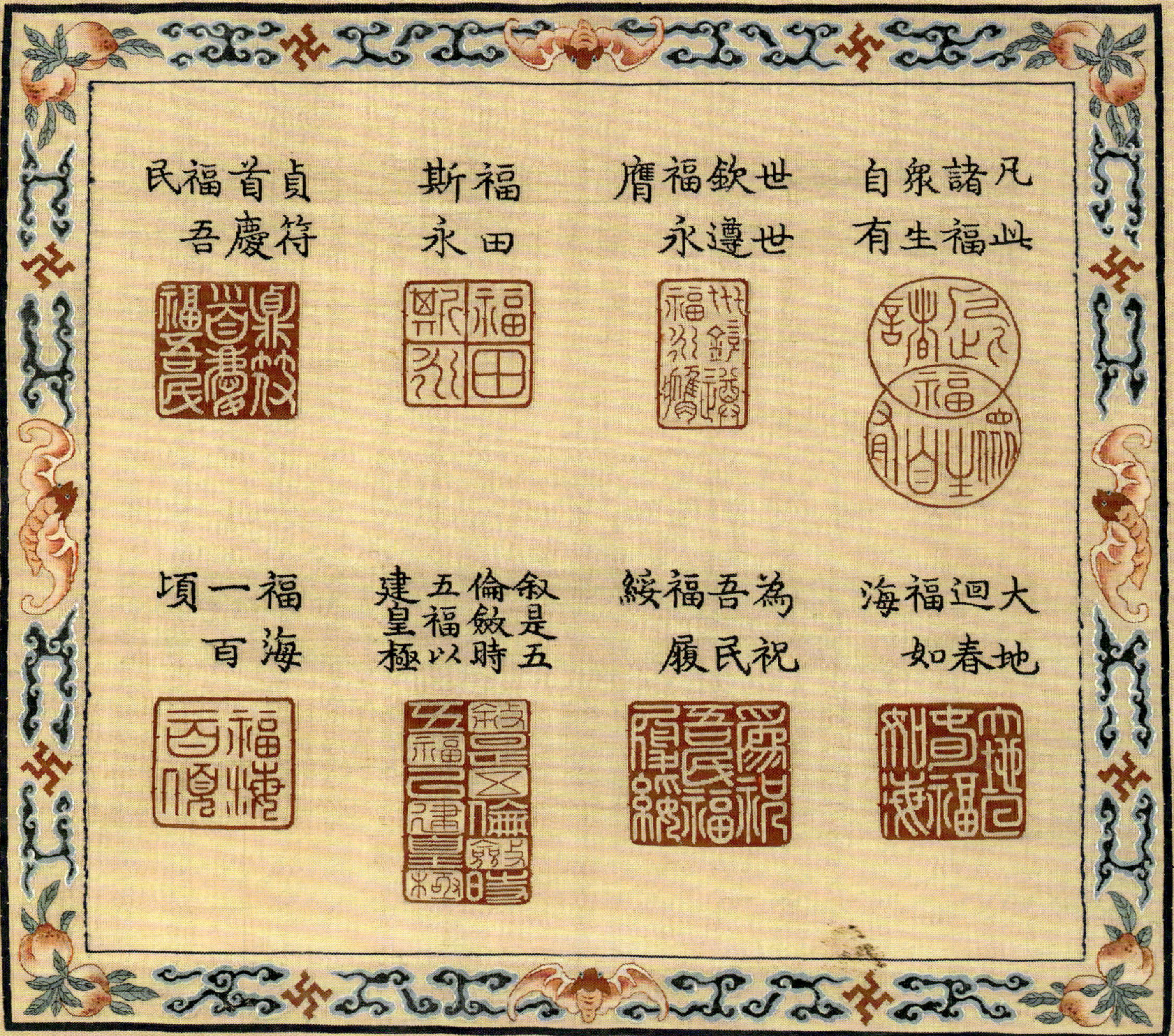
凡此諸福衆生自有
世世欽遵福永膺
福田斯永
貞符首慶福吾民
大地迴春福如海
為祝吾民福履綏
叙是五倫斂時五福以建皇極
福海一百頃

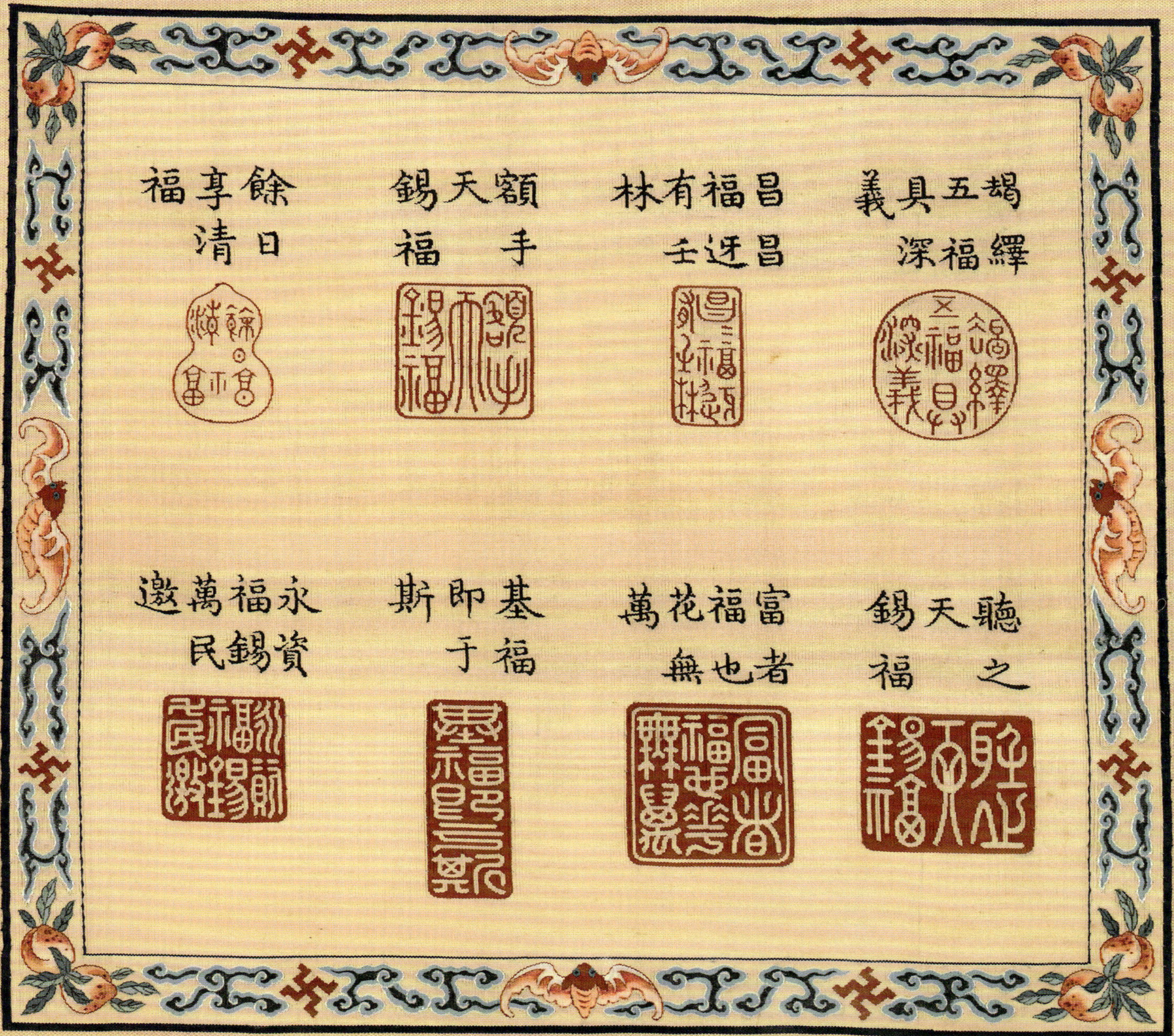

福享餘
清日
錫天額
福 手
林有福昌
壬迓昌
義具五竭
深福繹
邀萬福永
民錫資
斯即基
于福
萬花福富
無也者
錫天聽
福 之

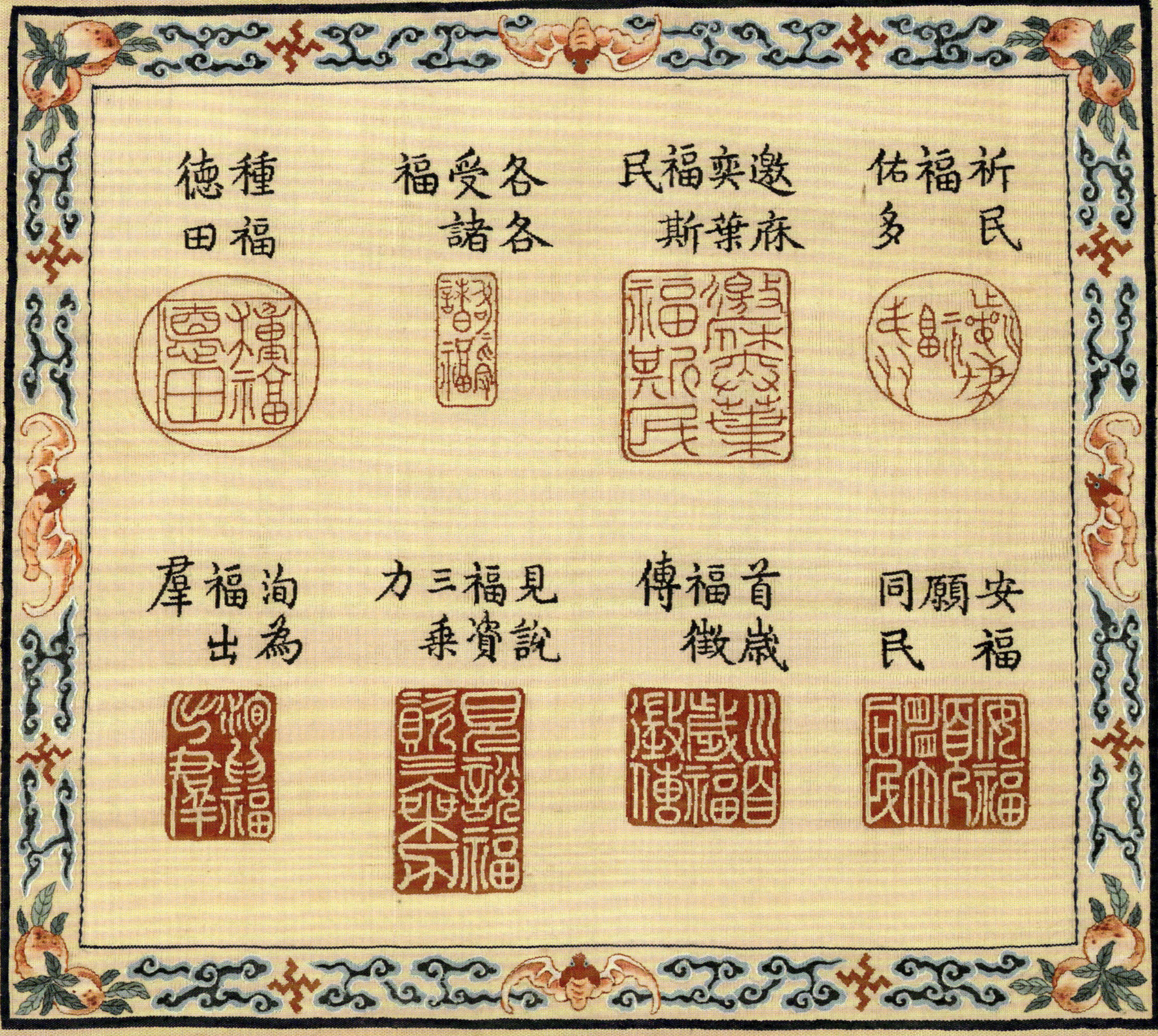
種福德田
各各受諸福
邀庥奕葉福斯民
祈民福佑多
洵為福出犀
見說福資三乘力
首歲福徵傳
安福願同民

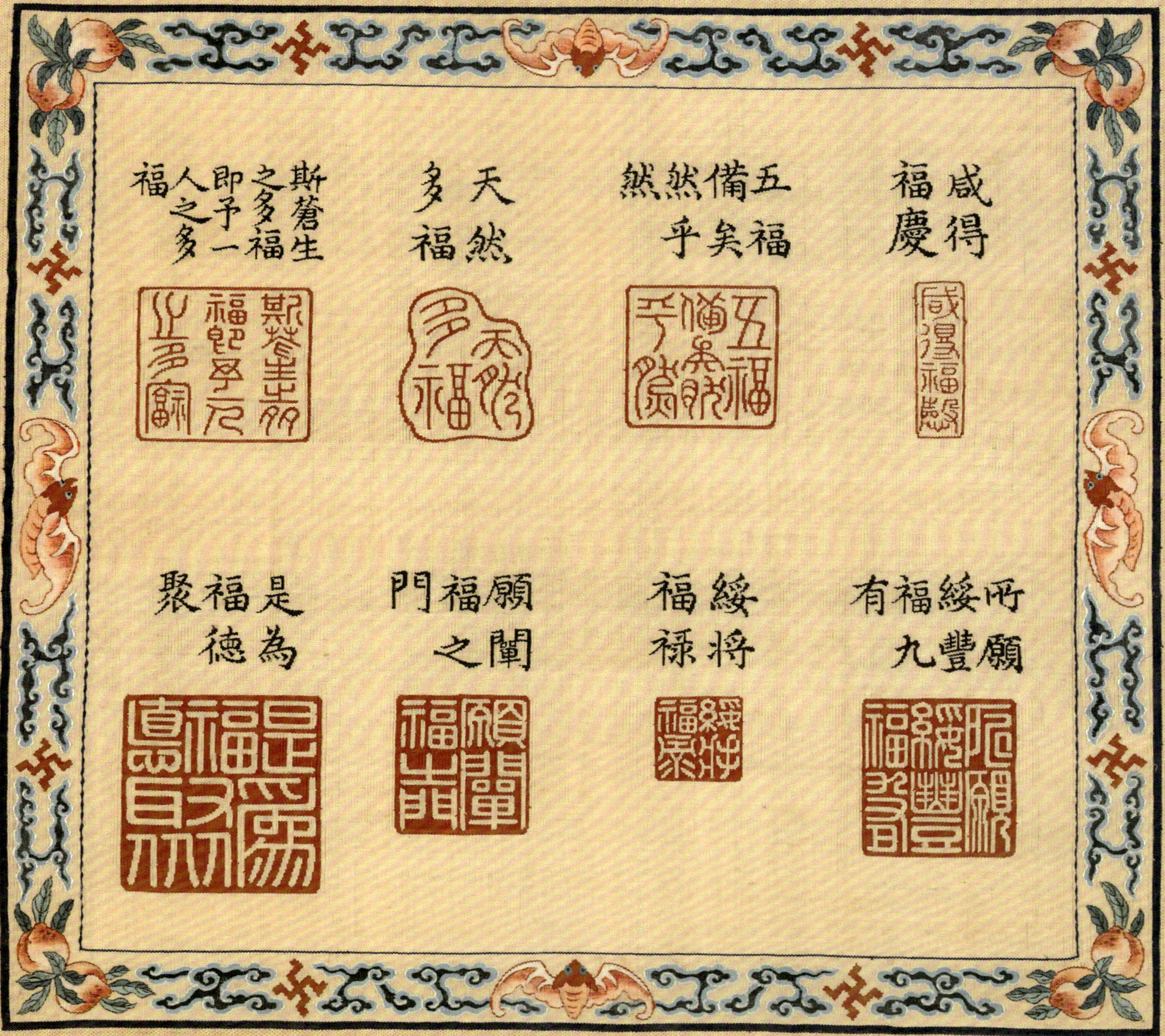
斯蒼生之多福即予一人之多福
天然多福
五福備矣然乎然
咸得福慶
是為福德聚
願闡福之門
綏將福祿
所願綏豐福九有

御製句元音壽牒

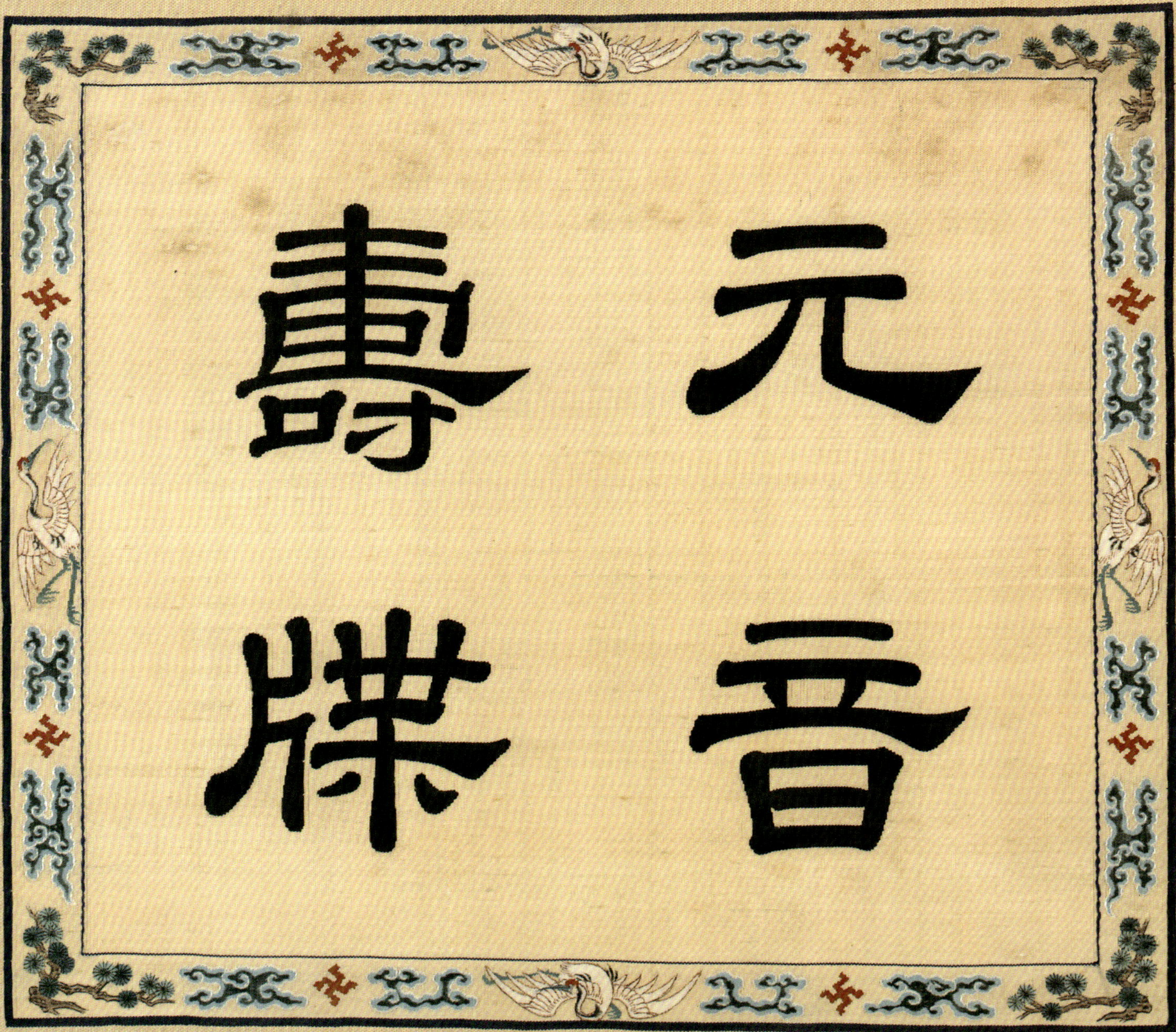
元音
壽牒

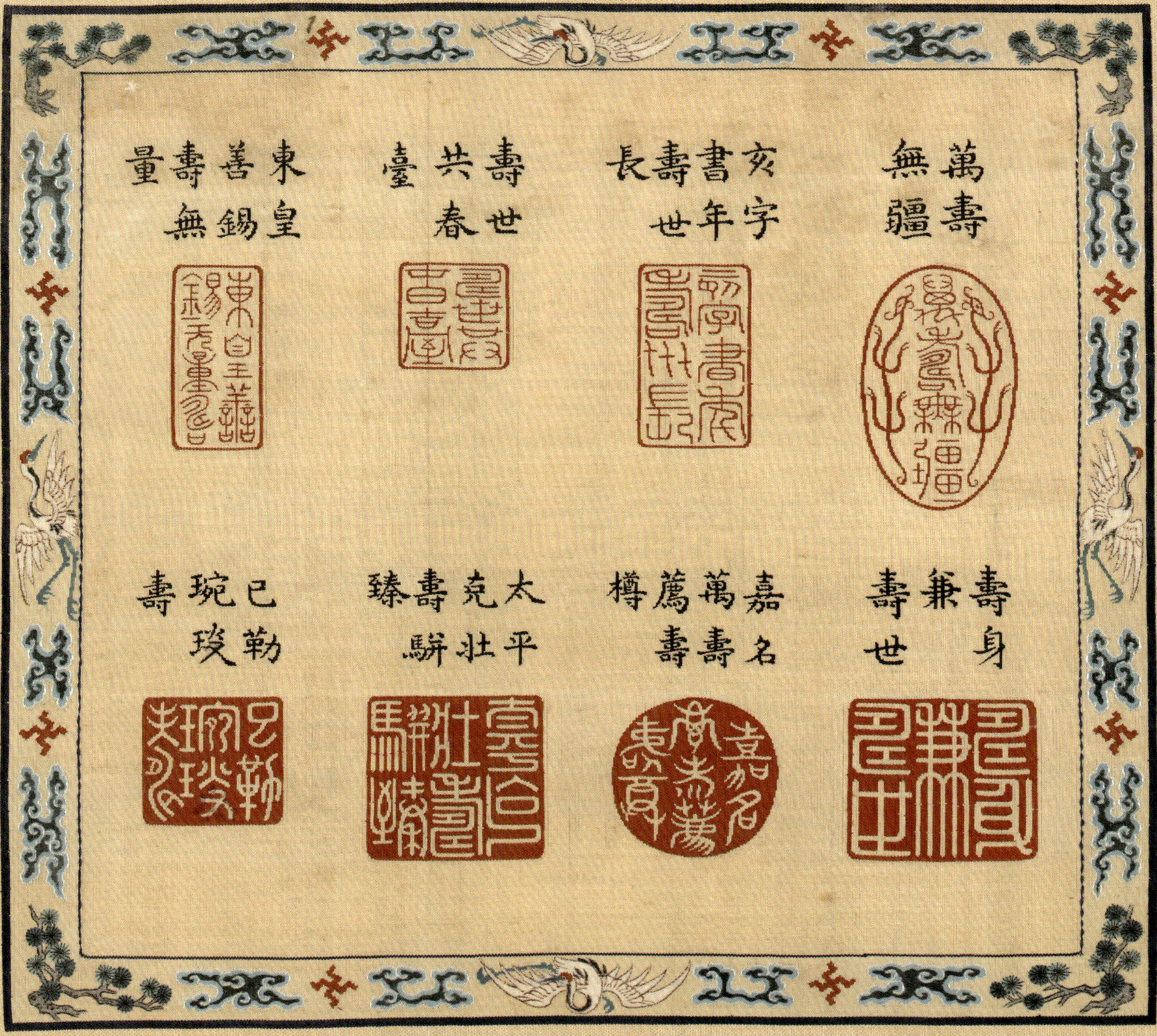
東皇善錫壽無量
壽世共春臺
亥字書年壽世長
萬壽無疆
已勒琬琰壽
太平克壯壽駢臻
嘉名萬壽薦壽樽
壽身兼壽世

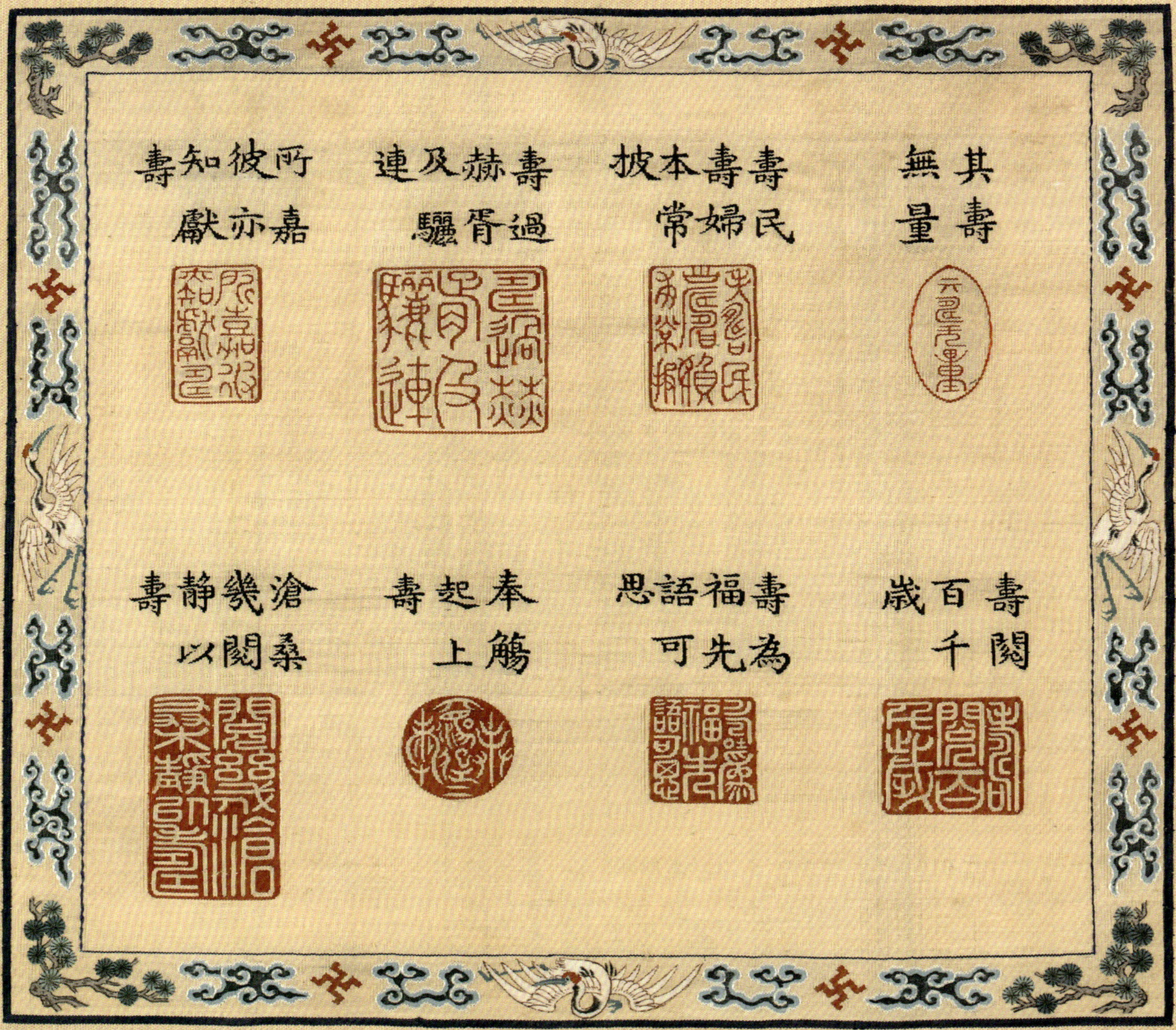
壽知彼所
獻亦嘉
連及赫壽
驪胥過
披本壽壽
常婦民
無其
量壽
壽靜幾滄
以閱桑
壽起奉
上觴
思語福壽
可先為
歲百壽
千閱

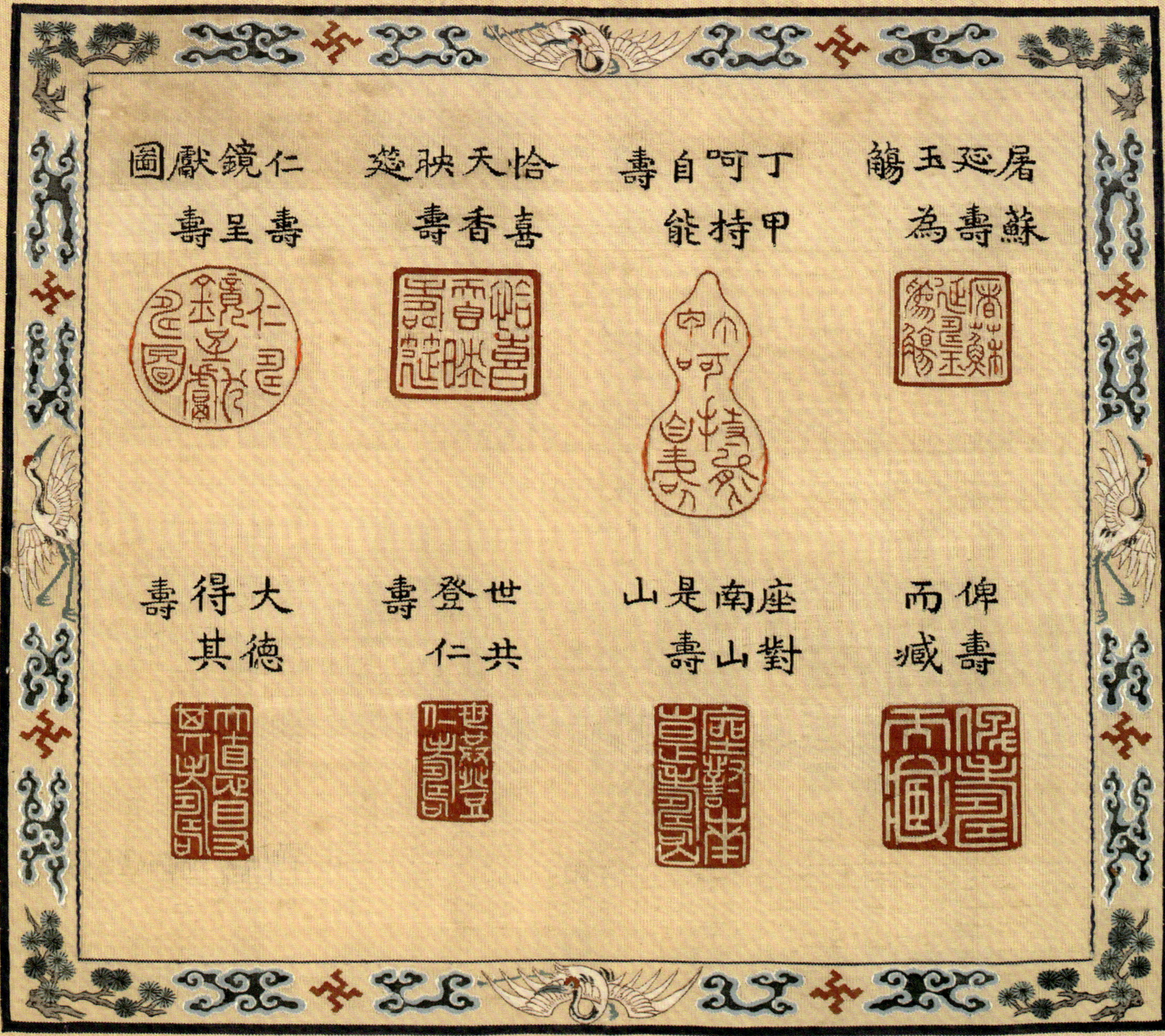

仁壽鏡呈獻壽圖
恰喜天香映壽蕊
丁甲呵持自能壽
屠蘇延壽玉為觴
大德得其壽
世共登仁壽
座對南山是壽山
俾壽而臧

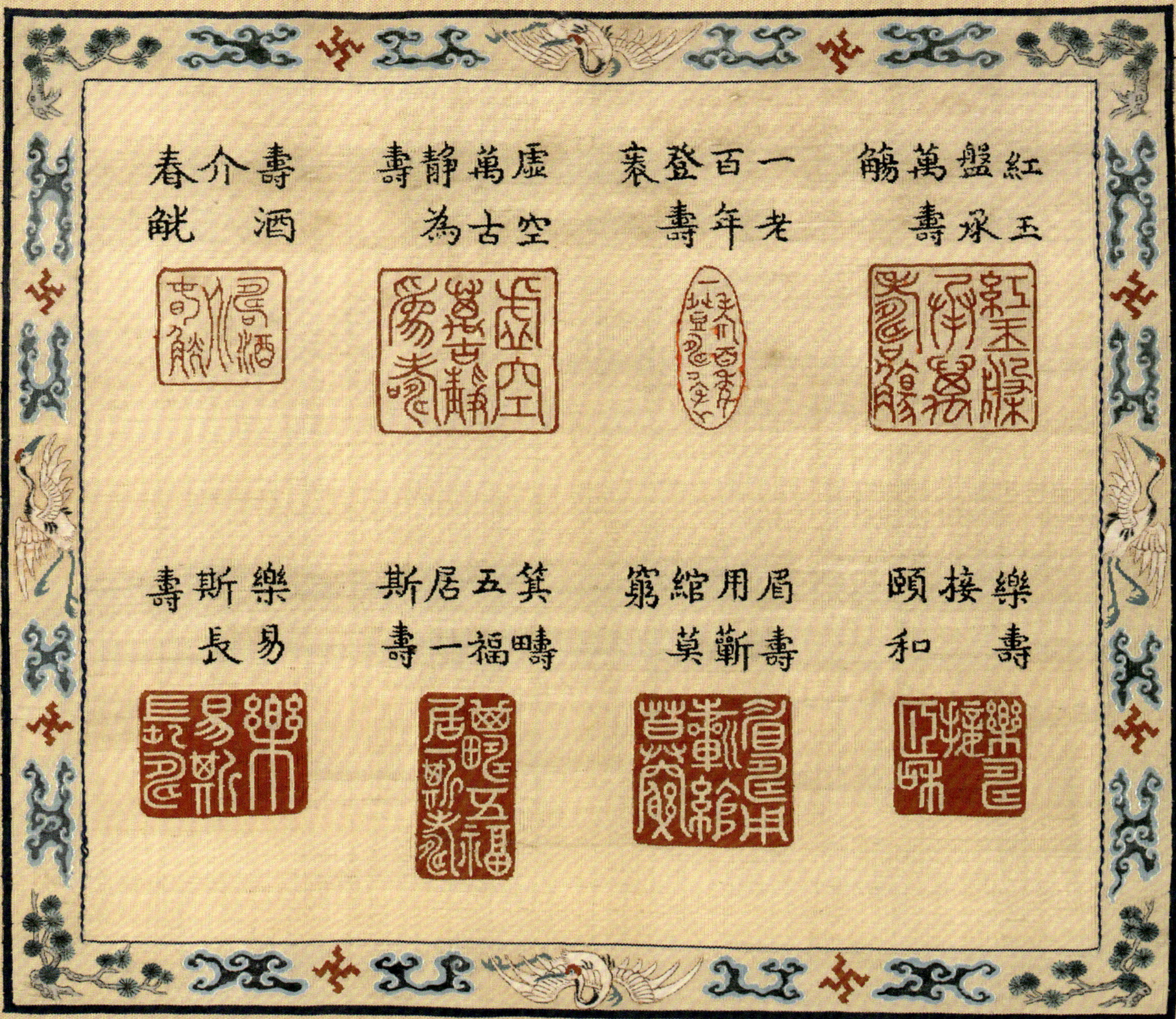
春介壽
酖 酒
壽靜萬虛
為古空
衺登百一
壽年老
觴萬盤紅
壽承玉
壽斯樂
長易
斯居五箕
壽一福疇
窮綰用眉
莫蘄壽
頤接樂
和 壽

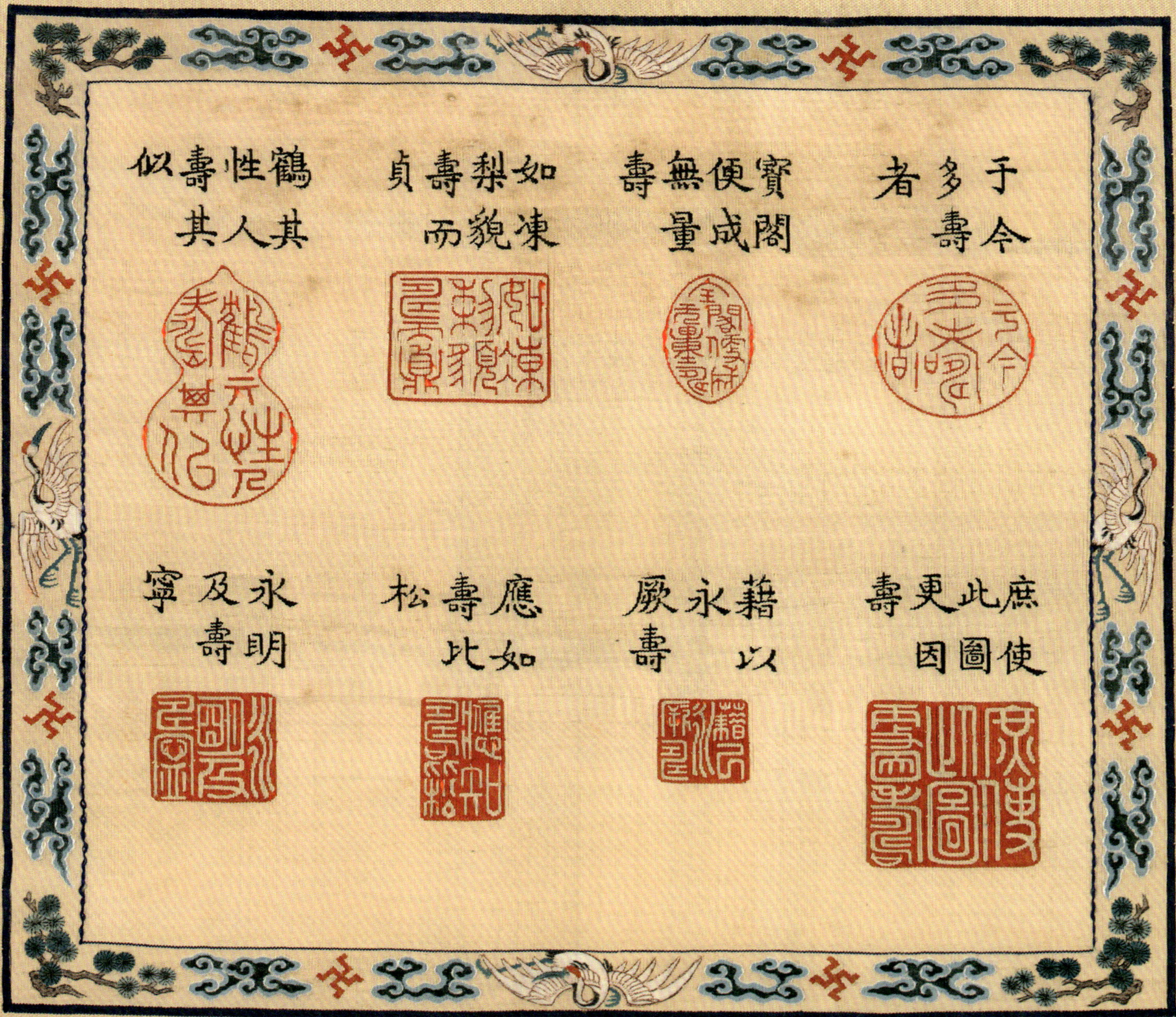
鶴其性人壽其似
如凍梨貌壽而貞
寶閣便成無量壽
于今多壽者
永明及壽寧
應如壽此松
藉以永厥壽
庶使此圖更因壽

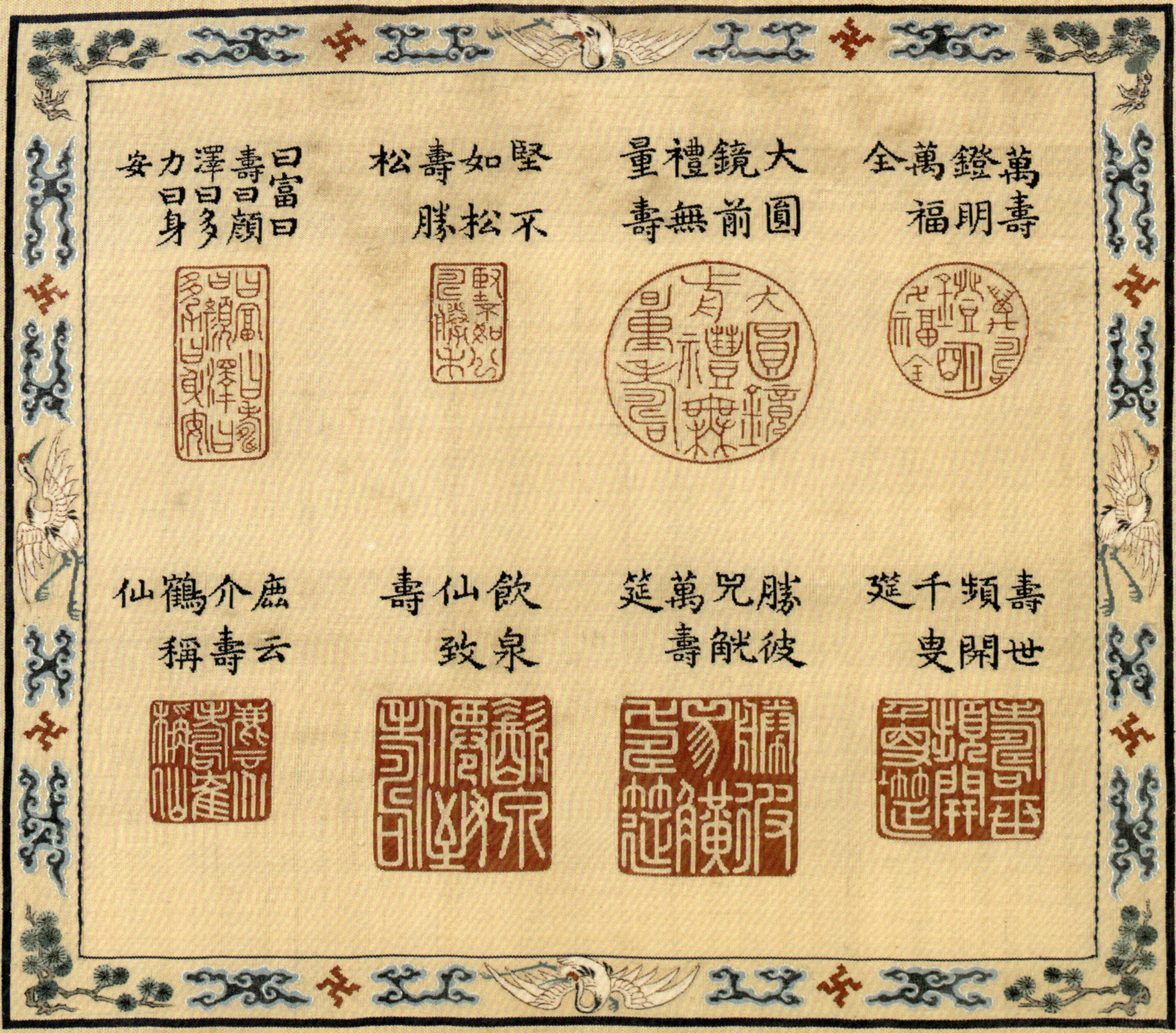
萬壽鐙明萬福全
大圓鏡前禮無量壽
堅不如松壽勝松
日富日壽日顏澤日多力日身安
壽世頻開千叟莚
勝彼兕觥萬壽莚
飲泉仙致壽
鹿云介壽鶴稱仙

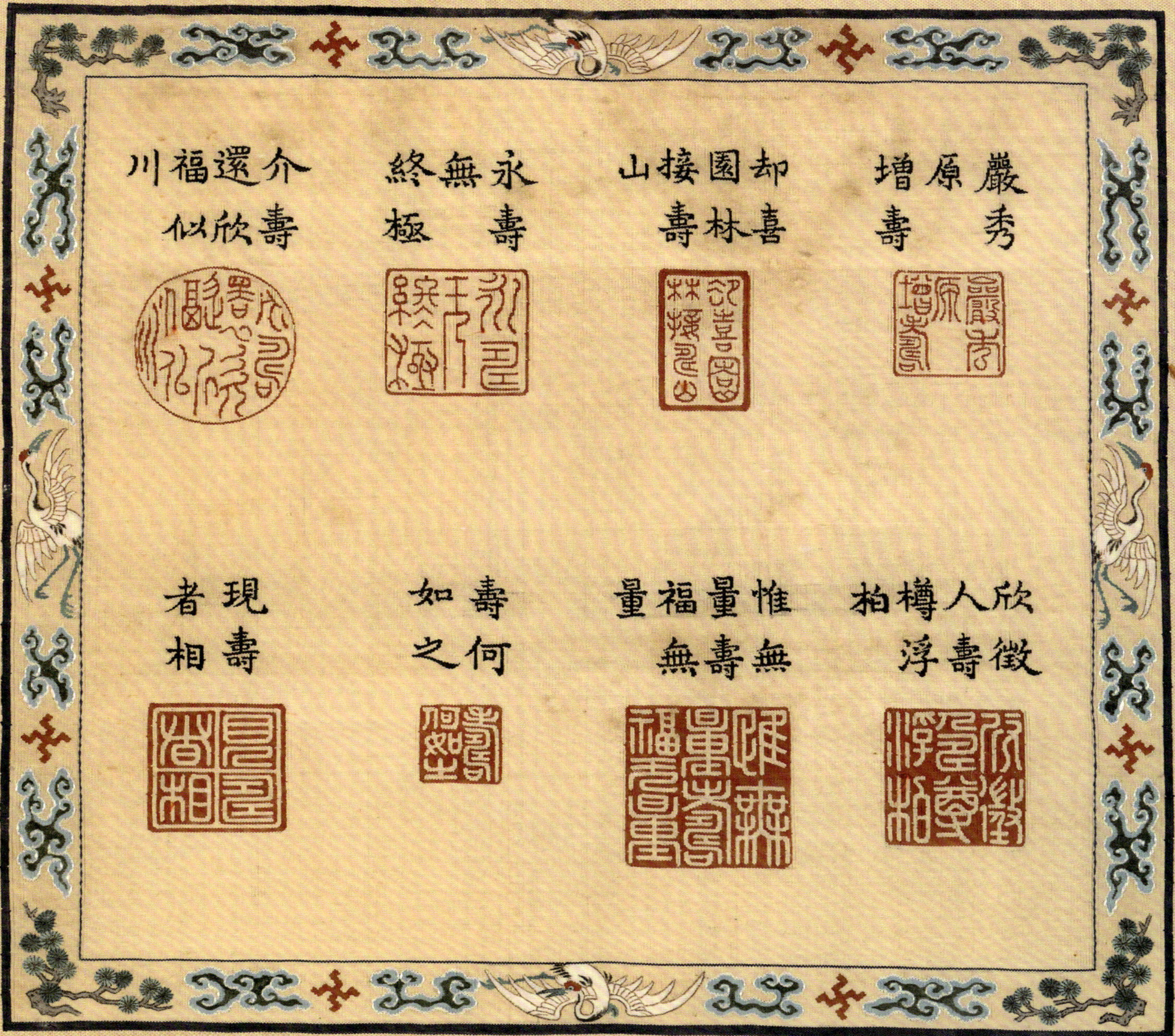
介壽還欣福似川
永壽無終極
卻喜園林接壽山
巖秀原增壽
欣徵人壽樽浮柏
惟無量壽福無量
壽何如之
現壽者相

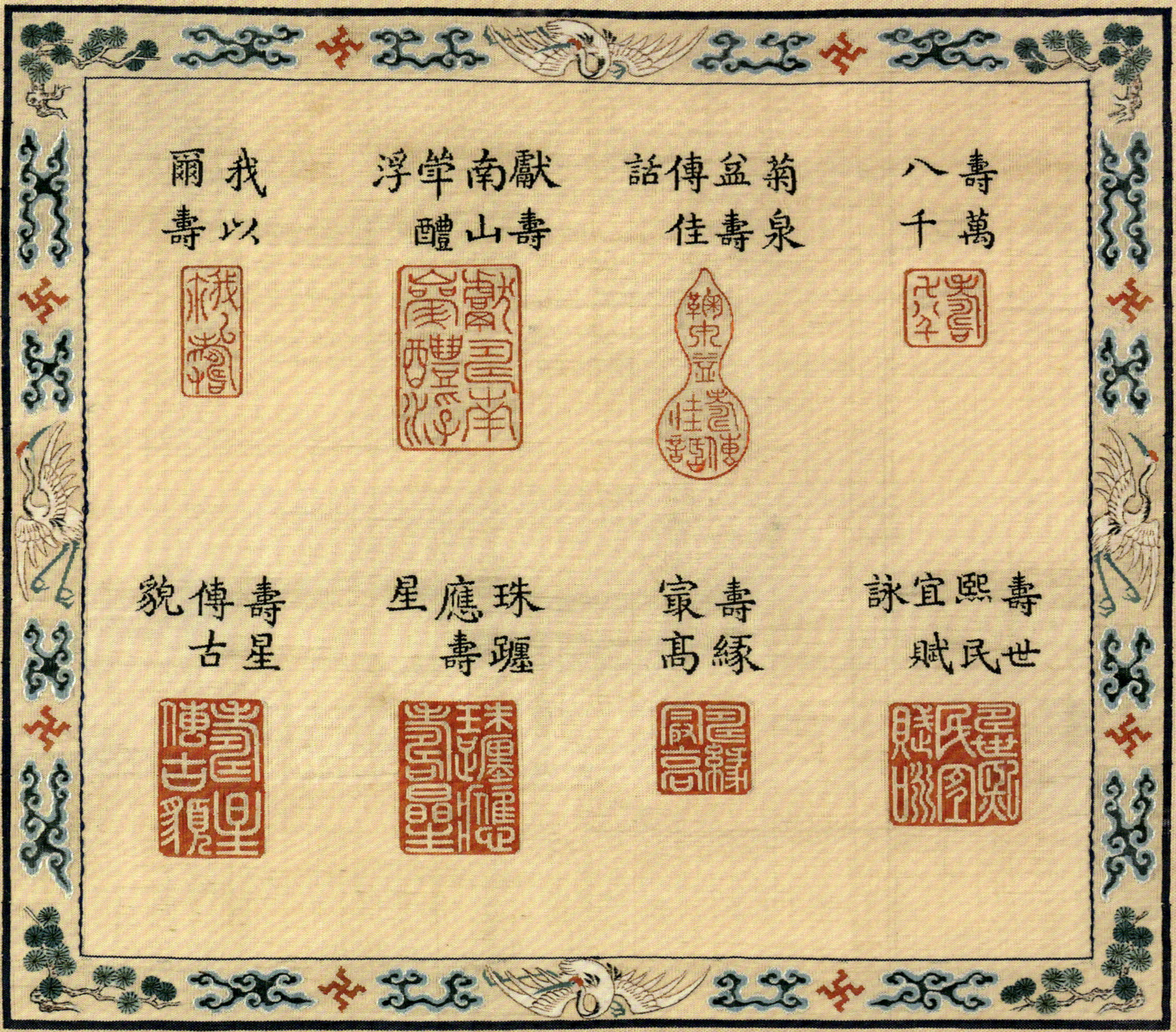
我以爾壽
獻壽南山斝醴浮
菊泉益壽傳佳話
壽萬八千
壽星傳古貌
珠躔應壽星
壽緣宸高
壽世熙民宜賦詠

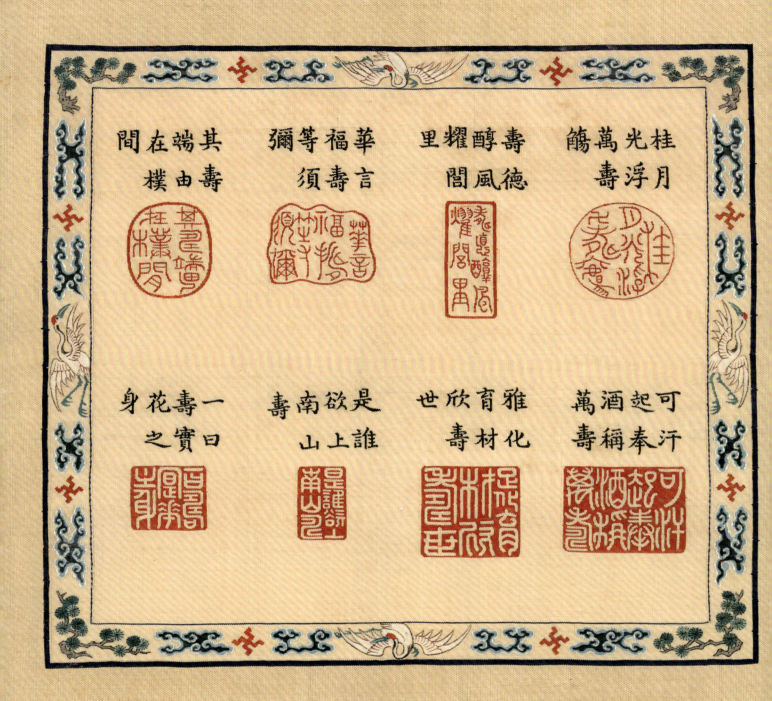

桂月光浮萬壽觴

壽德醇風耀閭里

華言福壽等須彌

其壽端由在樸閒

可汗起奉酒稱萬壽

雅化育材欣壽世

是誰欲上南山壽

一日壽實花之身

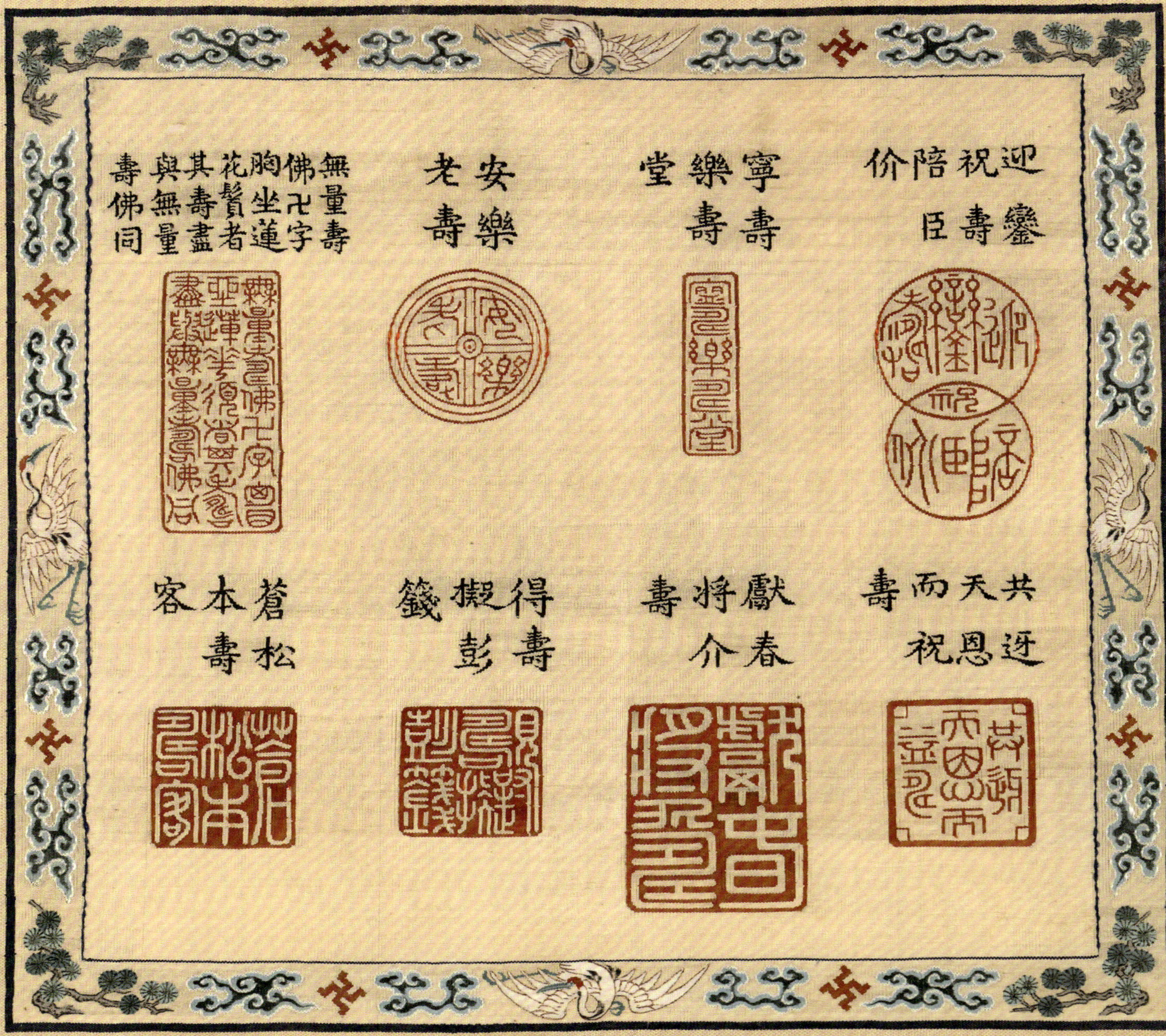

迎鑾祝壽陪臣价
寧壽樂壽堂
安樂老壽
無量壽佛卍字胸坐蓮花鬢者其壽盡與無量壽佛同
共迓天恩而祝壽
獻春將介壽
得壽擬彭籛
蒼松本壽客

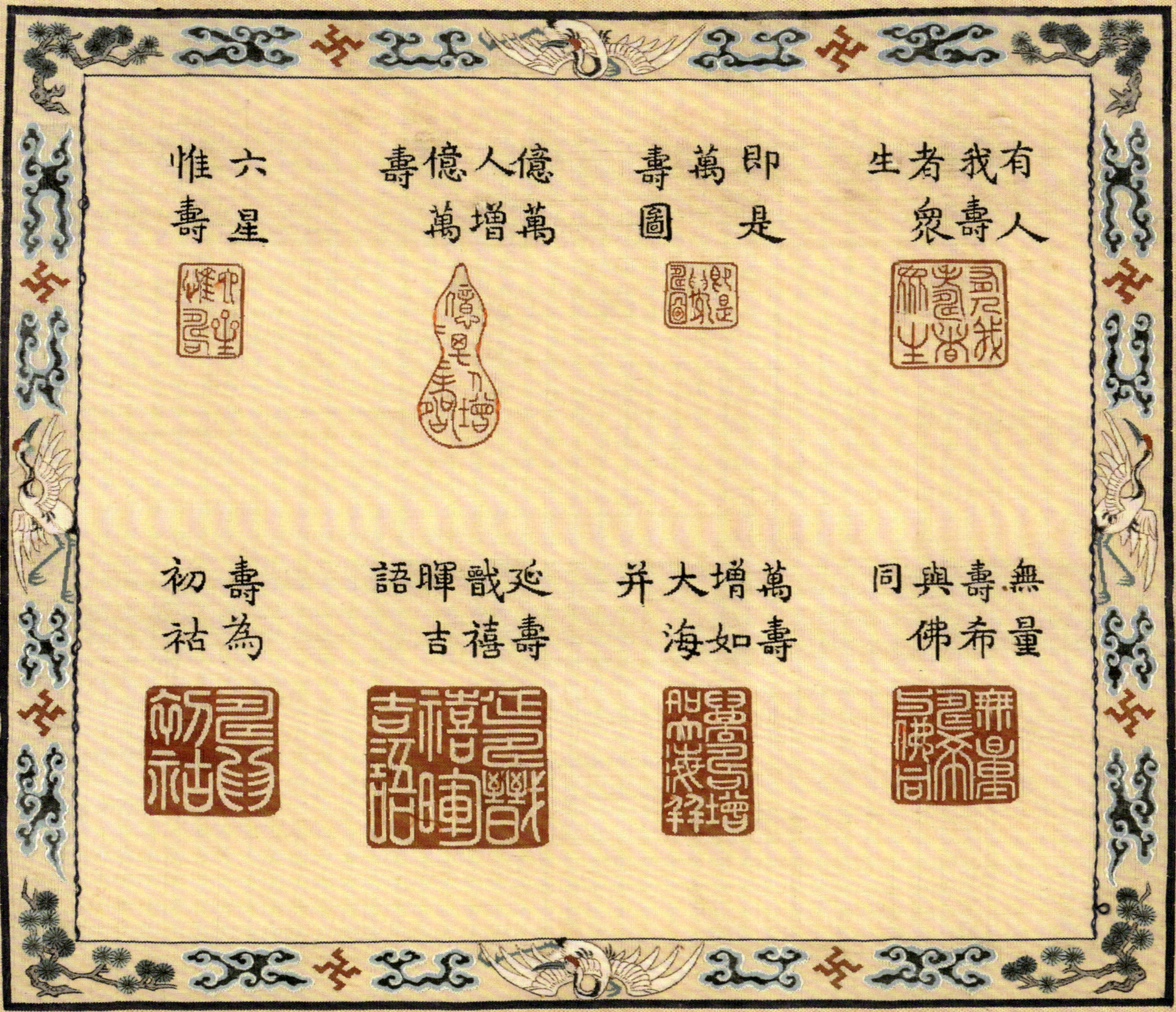
有人我壽者衆生
即是萬壽圖
億萬人增億萬壽
六星惟壽
無量壽布與佛同
萬壽增如大海并
延壽戩禧暉吉語
壽為初祐

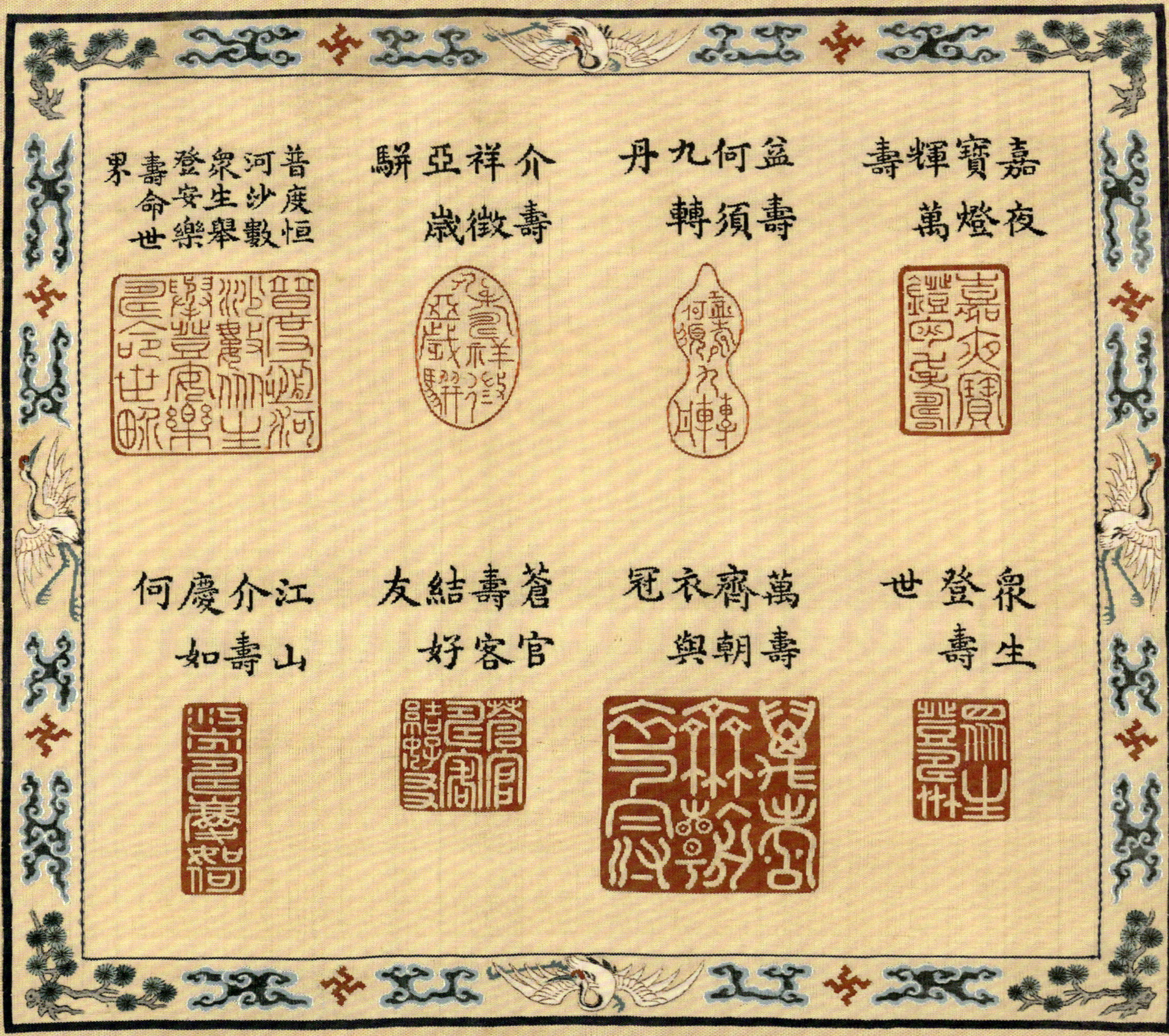

普度恒河沙數衆生舉登安樂壽命世界
介壽祥徵亞歲駢
益壽何須九轉丹
嘉夜寶燈輝萬壽
江山介壽慶如何
蒼官壽客結好友
萬壽齊朝衣與冠
衆生登壽世

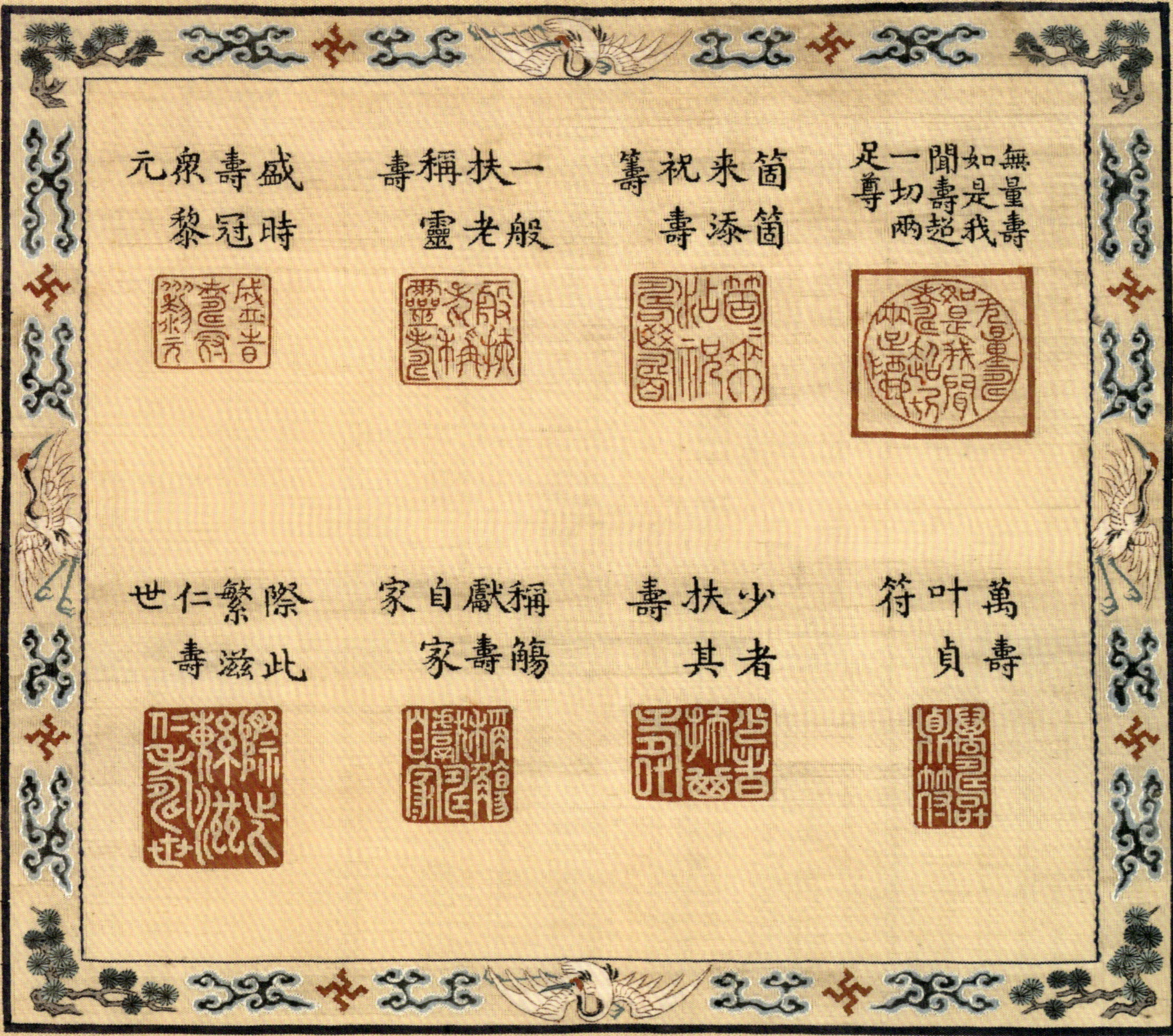
無量壽如是我聞壽超一切兩足尊
箇箇來添祝壽籌
一般扶老稱靈壽
盛時壽冠衆黎元
萬壽叶貞符
少者扶共壽
稱觴獻壽自家家
際此繁滋仁壽世

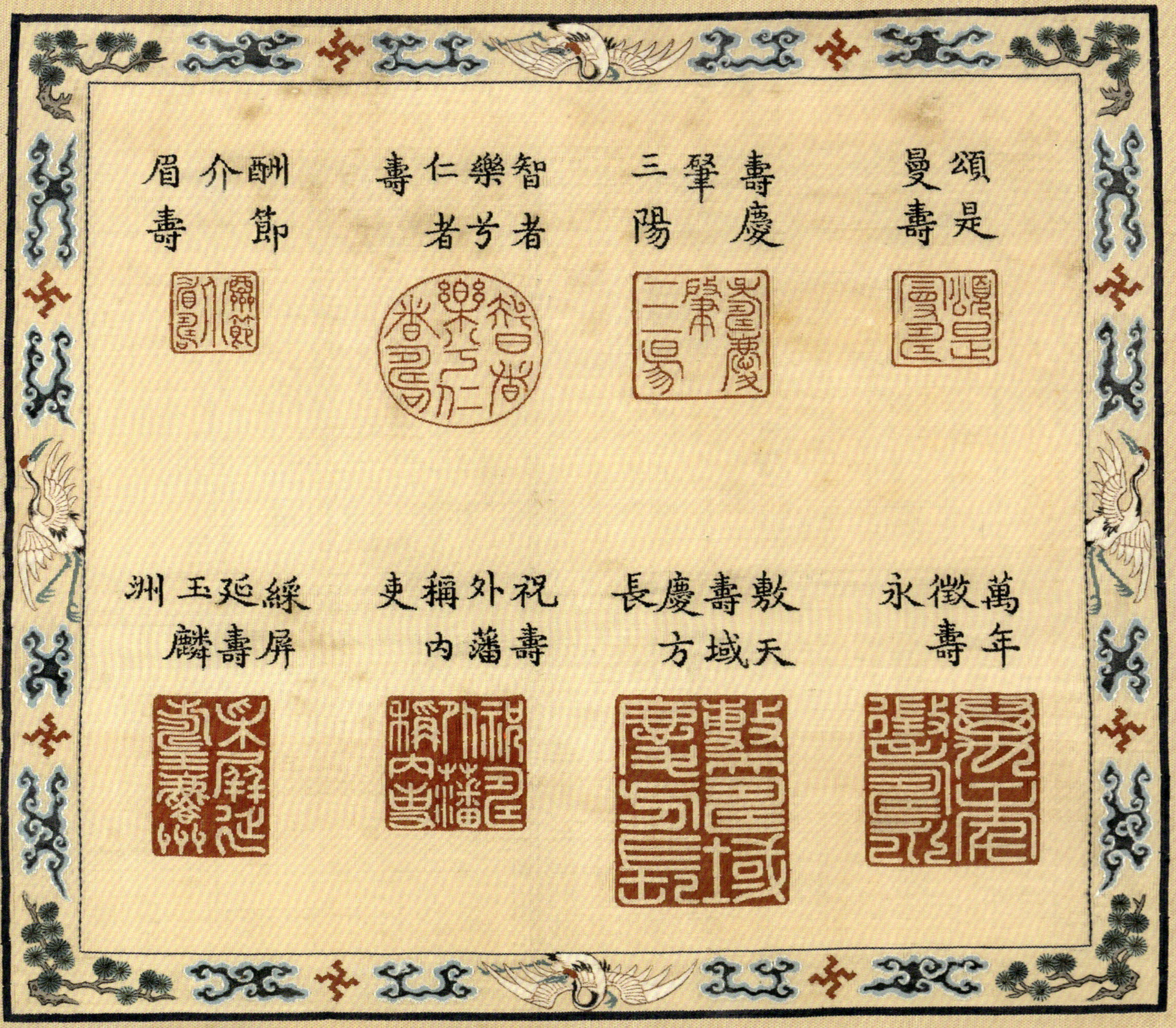
酬節介眉壽
智者樂兮仁者壽
壽慶肇三陽
頌是曼壽
綵屏延壽玉麟洲
祝壽外藩稱內吏
敷天壽域慶方長
萬年徵壽永

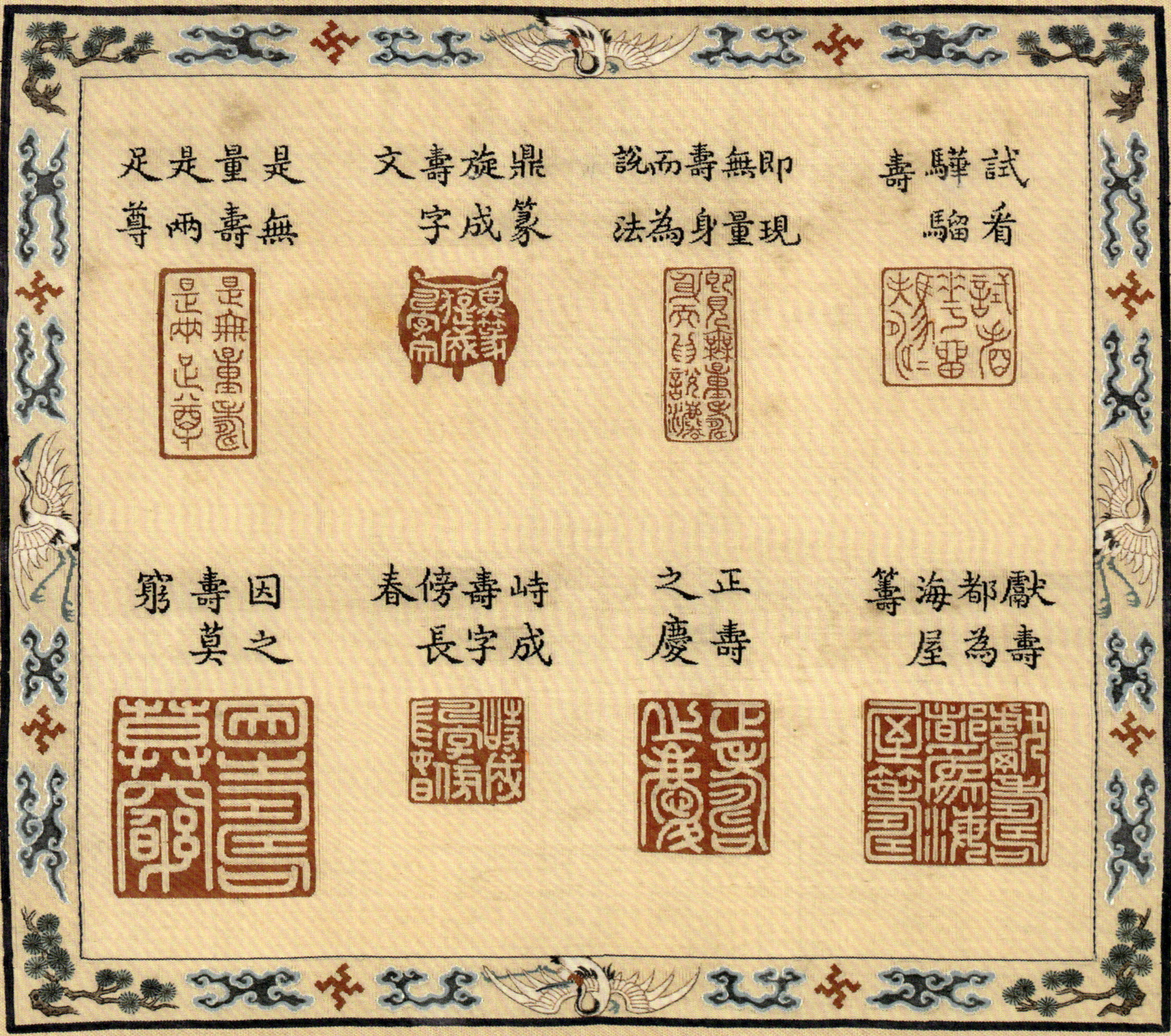
試看驊騮壽
即現無量壽身而為說法
鼎篆旋成壽字文
是無量壽是兩足尊
獻壽都為海屋籌
正壽之慶
峙成壽字傍長春
因之壽莫窮

『宝典福书』『元音寿牒』系列文物综述

——从天津市文物交流中心藏缂丝印谱册页谈起

◎赵磊

内容提要：『宝典福书』『元音寿牒』是清乾隆朝大臣和珅、金简为庆贺乾隆皇帝八旬万寿而分别呈进的两组青田石、铜镀金印章及相应印谱的名称，后内府以青田石和寿山石为材又制作了一套印章，并大量墨刻金简所进组印的印谱，另有胡季堂将印谱制成缂丝等织绣册页的形式呈贡。本文从天津市文物交流中心收藏的两本《宝典福书》《元音寿牒》缂丝印谱册页入手，对存世相关系列文物加以综合考察和详细介绍，并结合清宫陈设档、贡档的记载，推判或厘清和珅、金简、胡季堂呈进各自贡品的具体时间，另外就印谱的印文、释文与乾隆帝原御制诗文不同之处进行汇总比较。

关键词：宝典福书　元音寿牒　印章　印谱　缂丝　乾隆八旬万寿　乾隆御制诗文

天津市文物交流中心旧藏两本缂丝印谱册页，共置于一个明黄色暗花云纹缎套内（图一）。两本册页尺寸相同，均

图一　天津市文物交流中心藏《宝典福书》《元音寿牒》缂丝印谱册页及外包装

为纵27.7、横29.3厘米（画心部分纵23.5、横25.6厘米），各16开，并配以紫檀木面，工艺考究，制作精良，具有较高的历史和艺术价值。

其中一册于册面顶端居中纵向镌刻隶书『御制句宝典福书』，首开亦以黑色丝线缂织隶书『宝典福书』，第2开至第16开共装饰各式印文120枚，每开8枚，分列上下两排，上排4枚朱文印，下排4枚白文印，仅个别例外。朱文印系采用切针技法刺绣而成，白文印系采用平缂、齐缂、勾缂、搭梭等技法缂织而成，每枚印文字数不等，少则4字，多则13字，尤以7字和5字者为多，印文上方有以黑色丝线缂织成的楷书释文一一对应。所饰印文印形丰富，见有长方形、正方形、葫芦形、圆形、枣核形、椭圆形、扁圆形、外方内圆形、双圆形、外圆内方形、不规则形等，

图二 天津市文物交流中心藏《宝典福书》边框纹饰

图三 天津市文物交流中心藏《元音寿牒》边框纹饰

印文均带『福』字，皆出自乾隆帝所作御制诗文。每开画心四周边框正中各饰一只蝙蝠，四角各饰双桃，每只蝙蝠左右两侧各饰一片祥云，相邻的云蝠与双桃之间分别饰以左右两片祥云和中间一个『卍』字，寓意『万福』『万寿』。纹饰采用缂绣混色法，蝙蝠以白色和深浅不同的红色表现，双桃及其枝叶以白色和深浅不同的红、绿色表现，祥云为深浅两种蓝色，『卍』字为红色（图二）。

另一册整体式样风格相仿，唯册面镌刻隶书『御制句元音寿牒』，首开缂织隶书『元音寿牒』，其余各开每枚印文字数在4至21字之间不等，印形无外圆内方形而有圆鼎形，印文均带『寿』字，亦全部出自乾隆帝御制诗文。每开画心四周边框正中各饰一只仙鹤，以白、黑、红、蓝四色表现，四角各饰一株松树，以褐、绿两色表现，相邻的松鹤之间分别饰以左右两片祥云和中间一个『卍』字，祥云同为深浅两种蓝色，『卍』字亦同为红色（图三）。

通过查考故宫博物院和台北故宫博物院等处藏品及相关档案记载可知，『宝典福书』和『元音寿牒』既是两本印谱的名称，同时也指与之相应的两套组印，且无论组印还是印谱，其存世数量都不止两套（本），各自质地也不尽相同。而要追溯这批文物的制作缘起，就不能不提清宫当年的一桩盛事——清高宗乾隆皇帝的八旬万寿庆典。

一　乾隆帝八旬万寿庆典

清乾隆五十五年（1790年），清王朝的最高统治者乾隆皇帝（1711—1799年，年89岁）迎来了自己的八旬寿诞。历数古往今来各朝帝王，得以享寿至八秩者只有南朝梁武帝萧衍（464—549年，年86岁）、武周则天帝武曌（624—705年，年82岁）、南宋高宗赵构（1107—1187年，年81岁）和元世祖忽必烈（1215—1294年，年80岁）四人而已。即使将范围扩大到清宫全部后妃，纵观有清一代，二百多年间也仅有定妃（1661—1757年，年97岁，万琉哈氏，康熙帝定嫔）、通嫔（1664—1744年，年81岁，纳喇氏，康熙帝贵人。一说生年不详）、惇怡皇贵妃（1683—1768年，年86岁，瓜尔佳氏，康熙帝和妃）、纯懿皇贵妃（1689—1784年，年96岁，耿氏，雍正帝裕妃）、孝圣宪皇后（1693—1777年，年86岁，钮祜禄氏，雍正帝熹贵妃）、婉贵妃（1717—1807年，年92岁，陈氏，乾隆帝婉妃）和豫嫔（1816—1897年，年82岁，尚佳氏，道光帝尚答应）等寥寥数人寿命超过了80岁。值得一提的是，这其中有五位是于乾隆帝在位期间寿终正寝的，还有一位是乾隆帝最长寿的后妃。人生七十古来稀，乾隆一朝后宫能有多人先后寿登耄耋，加之乾隆帝本人亦高寿，一定程度上确实可以体现出太平盛世之气象。

不过，由于各自位份不同、与当朝皇帝关系亲疏有别，七位高龄后妃中，只有孝圣宪皇后亦即乾隆帝的生母崇庆皇太后在宫中风风光光地度过了其六旬、七旬、八旬圣寿，母仪天下，享尽尊荣。而事母至孝的乾隆帝秉承『母亲在世，儿不做寿』的传统习俗，在乾隆四十二年（1777年）崇庆皇太后崩逝之前并未隆重庆祝过自己的生日，即使是整旬寿诞也不例外。乾隆四十五年，适值乾隆帝七旬万寿，彼时崇庆皇太后过世已逾三载，27个月的素服期早满，但乾隆帝仍像之前两年在上谕中提到过的那样，因不能实现为母庆贺九旬圣寿的初愿，无心为己称庆，故谕命该年八月庆辰『一切仍照常例』，没有特意提高七旬万寿节的庆祝规格。及至乾隆五十五年，表面看上去四海升平、万民欢悦的清王朝实际已处于由盛转衰的历史拐点，而乾隆帝和绝大多数清朝官员却仍沉浸在『天朝上国』的盛世虚荣之中浑然不觉。这一次，终于不再有什么理由阻碍乾隆帝允准普天同庆其八旬万寿了。早在乾隆五十二年（1787年）八月十二日，乾隆帝即颁上谕，顺应内外王公大臣、将军督抚大吏的吁请，定于五十五年举行万寿典礼。次年三月十四日，又谕命阿桂、和珅、刘墉、福长安、胡季堂、金简、李绶、伊龄阿总办万寿庆典各项事宜。乾隆五十四年正月初八日，阿桂等人恭请仿效康熙朝《万寿盛典初集》体例编纂《八旬万寿盛典》，以记录乾隆帝八旬庆典之盛况。此书于乾隆五十七年十月刊竣，共120卷，计8函40册，成为反映乾隆朝乃至整个清代宫廷典章仪轨、政治生活的重要史料文献（图四）。

乾隆五十五年（1790年）五月十六日起，乾隆帝驻跸热河避暑山庄，木兰秋狝。以七月初七日哲布尊丹巴呼图克图（活佛）、噶勒丹锡呼图呼图克图等藏传佛教首领入觐为起始，筹备已久的八旬万寿盛典终于拉开了帷幕。在此期间，乾隆帝于七月初九、十一、十四、十六至二十日多次召见各藩属国使团、偏远民族地区代表并连同各族王公大臣一道赐食、赐宴、赐诗、赐赏。七月二十四日，乾隆帝自避暑山庄回銮，三十日回到圆明园后，又于八月初一至初六日连续六天赐食，还集中赏赉旌表了各地上报的多名百岁老人和五世同堂的家族。八月十二日，乾隆帝自御园还宫，十三日万寿节当天在太和殿举行隆重庆典，接受来自宗室皇亲、王公大臣、蒙古

图四
《八旬万寿盛典》书影
（故宫博物院藏；采自故宫博物院编：《普天同庆——清代万寿盛典》，故宫出版社，2015年，第51页）

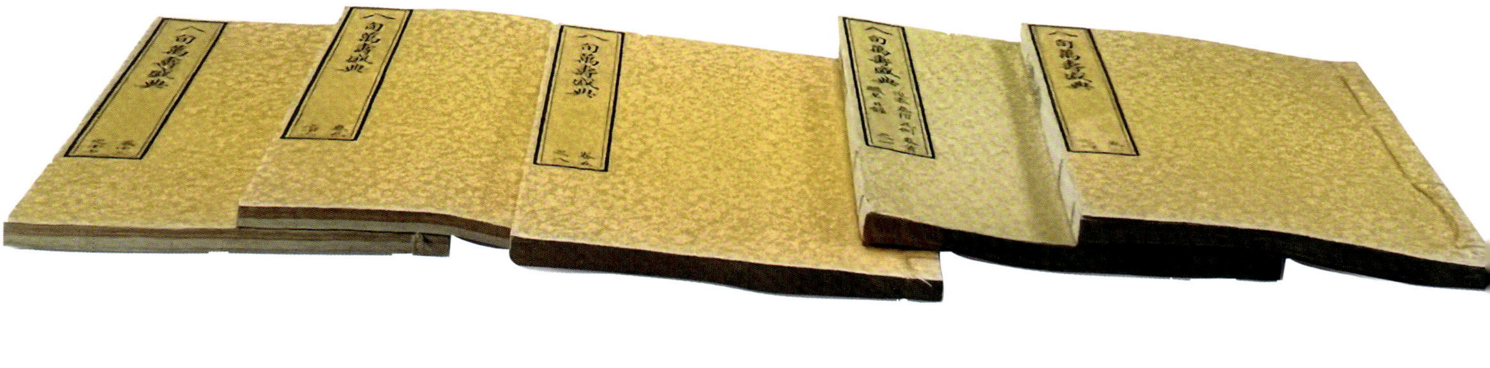

贵族、外藩使臣、金川土司、台湾生番（原住民）的庆贺礼，并于宁寿宫和乾清宫赐宴，大加欢庆。十六日复还圆明园后，除继续赏赉旌表全国百岁老人及其家族外，又于十九至二十一日连续三天赐食。作为庆祝万寿节不可或缺的一项活动，从七月初七到八月二十一日的45天时间里，共有19天都在上演大庆戏，如果除去自避暑山庄回返圆明园的7天行程，则平均每隔一天就有贺寿大戏上演，其中还包括在圆明园内连演6天连台本戏《升平宝筏》。八月二十二日，乾隆帝下谕，表彰总办万寿庆典的阿桂等人『经理得宜』『俾臻妥善』，连同其他各级相关官员一并交部议叙，论功行赏，这也标志着为期一个半月的乾隆八旬万寿庆典宣告圆满结束。

皇帝八旬万寿这样重要的节庆，所有有资格进贡的官员都会绞尽脑汁、各显其能，竭力进奉珍贵新奇的贡品，以期赢得皇帝欢心。尽管乾隆帝在乾隆五十二年（1787年）八月十二日的上谕中已规定万寿典礼一切仪文俱照崇庆皇太后三次万寿庆典之例备办，『毋得稍有加增，致滋繁费』，又于次年九月二十日谕命坐扣各自正俸和养廉银备办典礼的诸王公大臣、将军督抚不必再另行呈进贡品，但仍挡不住官员们争相进献孝心、表达忠诚爱戴之情的热忱，这其中自然也少不了本文的几位主人公——奉命一同总办万寿庆典的和珅、金简与胡季堂。

二 『宝典福书』『元音寿牒』组印

（一）和珅所进

作为乾隆帝晚年宠信的重臣，时任文华殿大学士兼管户部、吏部事务的和珅（1750—1799年）向来精于揣摩上意、迎合圣心。为恭贺八旬万寿，和珅别出心裁，专门从乾隆帝历年御制诗文中撷取带有『福』字和『寿』字的吉语各120条，以质地温润的黄色青田石为材，分别篆刻成120方印章，其中带『福』字的组印名为『宝典福书』，带『寿』字的组印名为『元音寿牒』。两组印章造型丰富，无印纽者多随形雕镌山水、草木纹饰，有印纽者印身多光素无纹，其印纽式样各异，以不同状貌的兽纽为主，兼有瓦纽、龟纽、狮纽、螭纽、龙纽，此外『宝典福书』组印另见有梅花纽和云纽，『元音寿牒』组印另见有荷花纽、覆斗纽、台纽、羊纽和蝠纽。两组印各自装在一个长53、宽32、高23厘米的紫漆描金山水亭台图长方形印匣内的格盒中，格盒分上下两层，每层均开三格，中间一格较大，左右两格较小，三块盒盖与上覆的两块隔板亦均装饰描金山水亭台和折枝花卉，系仿效日本的莳绘工艺，做工极为讲究（图五）。乾隆帝对日本漆器钟爱有加，故而和珅在组印的外包装上也如此花费心思，其博取皇帝赏识的能力可见一斑。

和珅所进的『宝典福书』和『元音寿牒』组印一直在清宫中完好保存。晚清光绪年间，宁寿宫养性殿东暖阁内南侧设有一张紫檀条案，上置一对金洋漆箱，即为盛放这两组印的印匣。根据当时《养性殿陈设册》的记载，这对金洋漆箱的编号是一百三十号，内各盛『洞（冻）石图章一百二十方』。至『宣统十五年』（1923年）时，金洋漆箱被放置在养性殿东佛堂，在该年陈设册中的编号已变为『甲字第五百七十七号』，组印名称则记作『滑石图章共二百四十方』。1924年，末代皇帝溥仪被逐出紫禁城后，清室善后委员会对故宫后廷各殿存留物品进行了清点，据《故宫物品点查报告》记载，其时这对金洋漆箱已移至宁寿宫东路阅是楼内的一个木箱中，千字文编号为『翔字一〇三-21』。现两组印均收藏于故宫博物院（表一）。

图五
和珅进『宝典福书』『元音寿牒』组印及印匣
（故宫博物院藏；采自故宫博物院编：《故宫博物院藏青田石》，故宫出版社，2020年，第57、66页）

表一 和珅进青田石『宝典福书』『元音寿牒』组印

宝典福书		元音寿牒	
文物号	印文	文物号	印文
故 00167590-1	额手天锡福	故 00167591-1	饮泉仙致寿
故 00167590-2	元宵百福并	故 00167591-2	一般扶老称灵寿
故 00167590-3	愿阐福之门	故 00167591-3	寿星传古貌
故 00167590-4	长期福禄佑尘寰	故 00167591-4	嘉夜宝灯辉卍寿
故 00167590-5	得教福地续琅书	故 00167591-5	亓寿无量
故 00167590-6	豫日符年福卜几	故 00167591-6	疋化育材欣寿世

续表一

宝典福书		元音寿牒	
文物号	印文	文物号	印文
故 00167590-7	战则克而祭受福	故 00167591-7	眉寿用蕲绾莫穷
故 00167590-8	庆为苍生迓福骈	故 00167591-8	寿酒介春觥
故 00167590-9	临轩书福庆恩昭	故 00167591-9	所嘉彼亦知献寿
故 00167590-10	恰与安福为清陪	故 00167591-10	阅几沧桑静以寿
故 00167590-11	不似似中五福首	故 00167591-11	鼎篆旋成寿字文
故 00167590-12	勇将归来兼福将	故 00167591-12	华言福寿等须弥
故 00167590-13	永膺福庆	故 00167591-13	宝阁便成无量寿
故 00167590-14	允执福黎蒸	故 00167591-14	称觞献寿自家家
故 00167590-15	以集厥福	故 00167591-15	酬节介眉寿
故 00167590-16	福禄寿原修为已	故 00167591-16	寿卍八千
故 00167590-17	降福穰穰	故 00167591-17	寿为福先语可思
故 00167590-18	福我民兮	故 00167591-18	即是万寿图
故 00167590-19	昌昌福迓有壬林	故 00167591-19	众生登寿世
故 00167590-20	福佑三千与大千	故 00167591-20	奉觞起上寿
故 00167590-21	何以福苍生	故 00167591-21	屠苏延寿玉为觞
故 00167590-22	佐天福万民	故 00167591-22	坚不如松寿胜松
故 00167590-23	福海一百顷	故 00167591-23	一老百年登寿帙
故 00167590-24	叙是五伦敛时五福以建皇极	故 00167591-24	寿阅百千岁
故 00167590-25	福地无双擅地灵	故 00167591-25	应知寿比松
故 00167590-26	余日享清福	故 00167591-26	寿世共春台
故 00167590-27	岁收即是君臣福	故 00167591-27	有人我寿者众生
故 00167590-28	东皇福与然灯似	故 00167591-28	于今多寿者
故 00167590-29	获庄严福果	故 00167591-29	俾寿而臧

宝典福书		元音寿牒	
文物号	印文	文物号	印文
故 00167590-30	蓬岛瑶台福海中	故 00167591-30	献寿南山罘罳浮
故 00167590-31	合与金仙作福田	故 00167591-31	六星惟寿
故 00167590-32	岂非天下福	故 00167591-32	是谁欲上南山寿
故 00167590-33	农雇有厚福	故 00167591-33	岩秀原增寿
故 00167590-34	知止全身福	故 00167591-34	是无量寿是两足尊
故 00167590-35	福自天锡	故 00167591-35	益寿何须九转丹
故 00167590-36	从禽屡获福还申	故 00167591-36	鞠泉益寿传佳话
故 00167590-37	以招百福繁生息	故 00167591-37	寿何如之
故 00167590-38	五福敷锡	故 00167591-38	一曰寿实花之身
故 00167590-39	沂合东皇卍福禔	故 00167591-39	惟无量寿福无量
故 00167590-40	绥履福农田	故 00167591-40	仁寿镜呈献寿图
故 00167590-41	锡兹介福	故 00167591-41	智者乐兮仁者寿
故 00167590-42	丰实予之福	故 00167591-42	宁寿乐寿堂
故 00167590-43	永资福锡卍民邀	故 00167591-43	亿万人增亿万寿
故 00167590-44	绥将福禄	故 00167591-44	江山介寿庆如何
故 00167590-45	斯苍生之多福即予一人之多福	故 00167591-45	万寿叶贞符
故 00167590-46	揭绎五福具深义	故 00167591-46	嘉名万寿荐寿尊
故 00167590-47	景福昌昌开泰始	故 00167591-47	苍松本寿客
故 00167590-48	千祥万福萃元正	故 00167591-48	采屏延寿玉麟州
故 00167590-49	告汝种福因	故 00167591-49	介寿祥征亚岁骈
故 00167590-50	雷霆亦福	故 00167591-50	见寿者相
故 00167590-51	听之天锡福	故 00167591-51	座对南山是寿山
故 00167590-52	敬已勤民吁天福	故 00167591-52	却喜园林接寿山

续表一

宝典福书		元音寿牒	
文物号	印文	文物号	印文
故 00167590–53	福履卍年绥	故 00167591–53	其寿端由在朴间
故 00167590–54	灵河翕兮福万世	故 00167591–54	寿庆肇三阳
故 00167590–55	世世钦遵福永膺	故 00167591–55	共迓天恩而益寿
故 00167590–56	咸得福庆	故 00167591–56	际此繁滋仁寿世
故 00167590–57	处世惜福胥例此	故 00167591–57	无量寿希与佛同
故 00167590–58	善作心田福自申	故 00167591–58	祝寿外藩称内吏
故 00167590–59	肯构亿年延福履	故 00167591–59	献春将介寿
故 00167590–60	锡福元正被六寰	故 00167591–60	鹤亍性人寿其似
故 00167590–61	上下情亲福禄长	故 00167591–61	安乐老寿
故 00167590–62	洪范有言敛时五福敷锡庶民	故 00167591–62	献寿都为海屋筹
故 00167590–63	洞天福地列第九	故 00167591–63	即见无量寿身而为说法
故 00167590–64	福德无涯	故 00167591–64	普度恒河沙数众生举登安乐寿命世界
故 00167590–65	于万斯年恒保此福	故 00167591–65	敷天寿域庆方长
故 00167590–66	邀庥奕叶福斯民	故 00167591–66	正寿之庆
故 00167590–67	见说福资三乘力	故 00167591–67	红玉槃承万寿觞
故 00167590–68	凡此诸福众生自有	故 00167591–68	永明及寿宁
故 00167590–69	玉兰花号五福树	故 00167591–69	介寿还欣福似川
故 00167590–70	基福即于斯	故 00167591–70	万寿灯明卍福全
故 00167590–71	育物敢忘锡福筹	故 00167591–71	如冻梨貌寿而贞
故 00167590–72	新年景福如川御	故 00167591–72	无量寿佛卍字胸坐莲花须者其寿尽与无量寿佛同

宝典福书		元音寿牒	
文物号	印文	文物号	印文
故 00167590-73	祈民福佑多	故 00167591-73	曰富曰寿曰颜泽曰多力曰身安
故 00167590-74	和气一家时敛福	故 00167591-74	桂月光浮卍寿觞
故 00167590-75	恺乐韶年百福迎	故 00167591-75	寿世熙民宜赋咏
故 00167590-76	敛福锡群黎	故 00167591-76	寿过赫胥及骊连
故 00167590-77	福履永绵长	故 00167591-77	东皇善锡无量寿
故 00167590-78	贞符首庆福吾民	故 00167591-78	亥字书年寿世长
故 00167590-79	锡福和且平	故 00167591-79	试看骅骝寿
故 00167590-80	种福德田	故 00167591-80	欣征人寿尊浮柏
故 00167590-81	施惠需云受福宜	故 00167591-81	虚空万古静为寿
故 00167590-82	为祝吾民福履绥	故 00167591-82	可汗起奉酒称万寿
故 00167590-83	福己兼福人	故 00167591-83	寿德醇风耀闾里
故 00167590-84	万年福永茂	故 00167591-84	万寿齐朝衣与冠
故 00167590-85	安然福九垓	故 00167591-85	庶使此图更因寿
故 00167590-86	百福昌昌入凤城	故 00167591-86	胜彼兕觥卍寿筵
故 00167590-87	福田斯永	故 00167591-87	因之寿莫穷
故 00167590-88	庆洽占年景福禔	故 00167591-88	乐易斯长寿
故 00167590-89	邓尉光福相连延	故 00167591-89	大圆镜前礼无量寿
故 00167590-90	景福希邀奕叶绵	故 00167591-90	寿身兼寿世
故 00167590-91	光福即空同	故 00167591-91	太平克壮寿骈臻
故 00167590-92	烟凝卍福臻	故 00167591-92	万寿无疆
故 00167590-93	首岁福征传	故 00167591-93	无量寿如是我闻寿超一切两足尊

续表一

宝典福书		元音寿牒	
文物号	印文	文物号	印文
故 00167590–94	周易分明注福兼	故 00167591–94	峙成寿字傍长春
故 00167590–95	所愿绥丰福九有	故 00167591–95	迎銮祝寿陪臣价
故 00167590–96	各各受诸福	故 00167591–96	寿民寿妇本常披
故 00167590–97	在沙福禄来	故 00167591–97	世共登仁寿
故 00167590–98	卍福共春来	故 00167591–98	乐寿接颐和
故 00167590–99	上日前期福履申	故 00167591–99	鹿云介寿鹤称仙
故 00167590–100	富者福也花无万	故 00167591–100	颂是曼寿
故 00167590–101	天然多福	故 00167591–101	寿世频开千叟筵
故 00167590–102	如是则福	故 00167591–102	寿为初祜
故 00167590–103	福覃九宇中	故 00167591–103	恰喜天香映寿筵
故 00167590–104	大地回春福如海	故 00167591–104	珠躔应寿星
故 00167590–105	欣蒙元旦福如几	故 00167591–105	万寿增如大海并
故 00167590–106	五福锡民钦扆负	故 00167591–106	永寿无终极
故 00167590–107	白鹤紫霄皆福地	故 00167591–107	大德得其寿
故 00167590–108	欢同百福成	故 00167591–108	万年征寿永
故 00167590–109	养此寸田福万民	故 00167591–109	盛时寿冠众黎元
故 00167590–110	时若虔祈锡福仍	故 00167591–110	延寿戬禧晖吉语
故 00167590–111	有秋蚕幸天锡福	故 00167591–111	得寿拟彭篯
故 00167590–112	普诸福缘	故 00167591–112	丁甲呵持自能寿
故 00167590–113	洵为福出群	故 00167591–113	苍官寿客结好友
故 00167590–114	是为福德聚	故 00167591–114	箕畴五福居一斯寿
故 00167590–115	爰嘏福履	故 00167591–115	寿缘最高
故 00167590–116	五福备矣然乎然	故 00167591–116	少者扶其寿

续表一

宝典福书		元音寿牒	
文物号	印文	文物号	印文
故 00167590-117	祥征滋茂福苍生	故 00167591-117	个个来沾祝寿筹
故 00167590-118	求福不唐捐	故 00167591-118	我以尔寿
故 00167590-119	安福愿同民	故 00167591-119	已勒琬琰寿
故 00167590-120	卍福自骈臻	故 00167591-120	藉以永厥寿

（二）金简所进

金简（1721—1795年），字可亭，朝鲜望门后裔，满洲正黄旗包衣出身，时任工部尚书。其所进两组印均以铜镀金铸就，印章数量和印文内容与和珅所进两组青田石印章相同，当为二人事先商议妥当后各自为之，或共同完成后分别以二人名义呈进。这两组印形制比较单一，以回纹纽最多，瓦纽次之，还有少量为覆斗纽，除覆斗纽者印身上端錾刻回纹外，余皆光素无纹（图六）。据咸丰、同治年间各册《寿皇殿西次龛供奉陈设档》记载，该处『库内尊藏……铜宝一百二十方（计四匣盛）……』，或即为两组印中的一组。如果这两组印未曾分置，甚至不排除当时将『二百四十方』误记为『一百二十方』的可能。由于两组印均带有『留』字文物号，又在《故宫物品点查报告》寿皇殿的『咸』字号物品中未见记载，推测其可能在1926年清点寿皇殿之前已由景山移至古物陈列所保管。现两组印均收藏于故宫博物院，分盛在四个木匣中，其中『宝典福书』组印因早先佚失了6方，特由故宫文保科技部工作人员相应补制了6方木印（表二）。

图六
金简进『宝典福书』『元音寿牒』组印（部分，故宫博物院藏；采自故宫博物院编：《普天同庆——清代万寿盛典》，故宫出版社，2015年，第141页）

表二　金简进铜镀金『宝典福书』『元音寿牒』组印

宝典福书		元音寿牒	
文物号	印文	文物号	印文
故 00167631	五福敷锡	故 00167697	寿为福先语可思
故 00167632	福已兼福人	故 00167746	丁甲呵持自能寿
故 00167633	锡福和且平	故 00167747	鹤亓性人寿其似
故 00167634	降福穰穰	故 00167748	迎銮祝寿陪臣价
故 00167635	敛福锡群黎	故 00167749	大圆镜前礼无量寿
故 00167636	何以福苍生	故 00167750	虚空万古静为寿
故 00167637	以集厥福	故 00167751	仁寿镜呈献寿图
故 00167638	爰暇福履	故 00167752	介寿还欣福似川
故 00167639	元宵百福并	故 00167753	桂月光浮卍寿觞
故 00167640	新年景福如川御	故 00167754	万年征寿永
故 00167641	福我民兮	故 00167755	庶使此图更因寿
故 00167642	卍福共春来	故 00167756	太平克壮寿骈臻
故 00167643	福自天锡	故 00167757	献春将介寿
故 00167644	百福昌昌入凤城	故 00167758	寿世频开千叟筵
故 00167645	长期福禄佑尘寰	故 00167759	华言福寿等须弥
故 00167646	邓尉光福相连延	故 00167760	寿为初祜
故 00167647	锡兹介福	故 00167761	得寿拟彭篯
故 00167648	福履卍年绥	故 00167762	寿身兼寿世
故 00167649	丰实予之福	故 00167763	安乐老寿

续表二

宝典福书		元音寿牒	
文物号	印文	文物号	印文
故 00167650	善作心田福自申	故 00167764	饮泉仙致寿
故 00167651	有秋蚕幸天锡福	故 00167765	试看骅骝寿
故 00167652	白鹤紫霄皆福地	故 00167766	其寿端由在朴间
故 00167653	景福希邀奕叶绵	故 00167767	苍官寿客结好友
故 00167654	从禽屡获福还申	故 00167768	疋化育材欣寿世
故 00167655	如是则福	故 00167769	际此繁滋仁寿世
故 00167656	临轩书福庆恩昭	故 00167770	胜彼兕觥卍寿筵
故 00167657	得教福地续琅书	故 00167771	寿过赫胥及骊连
故 00167658	获庄严福果	故 00167772	敷天寿域庆方长
故 00167659	岂非天下福	故 00167773	献寿都为海屋筹
故 00167660	洞天福地列第九	故 00167774	因之寿莫穷
故 00167661	光福即空同	故 00167775	万寿齐朝衣与冠
故 00167662	在沙福禄来	故 00167776	眉寿用蕲绾莫穷
故 00167663	周易分明注福兼	故 00167777	俾寿而臧
故 00167664	五福锡民钦扆负	故 00167778	智者乐兮仁者寿
故 00167665	沂合东皇卍福禔	故 00167779	已勒琬琰寿
故 00167666	福地无双擅地灵	故 00167780	于今多寿者
故 00167667	上日前期福履申	故 00167781	红玉檠承万寿觞
故 00167668	和气一家时敛福	故 00167782	寿庆肇三阳
故 00167669	安然福九垓	故 00167783	苍松本寿客
故 00167670	东皇福与然灯似	故 00167784	万寿灯明卍福全

续表二

宝典福书		元音寿牒	
文物号	印文	文物号	印文
故 00167671	农雇有厚福	故 00167785	如冻梨貌寿而贞
故 00167672	庆洽占年景福禔	故 00167786	鼎篆旋成寿字文
故 00167673	战则克而祭受福	故 00167787	众生登寿世
故 00167674	万年福永茂	故 00167788	寿世共春台
故 00167675	景福昌昌开泰始	故 00167789	嘉名万寿荐寿尊
故 00167676	上下情亲福禄长	故 00167790	普度恒河沙数众生举登安乐寿命世界
故 00167677	以招百福繁生息	故 00167791	共迓天恩而益寿
故 00167678	豫日符年福卜几	故 00167792	延寿戬禧晖吉语
故 00167679	欢同百福成	故 00167793	恰喜天香映寿筵
故 00167680	于万斯年恒保此福	故 00167794	寿阅百千岁
故 00167681	时若虔祈锡福仍	故 00167795	惟无量寿福无量
故 00167682	福禄寿原修为已	故 00167796	见寿者相
故 00167683	肯构亿年延福履	故 00167797	寿世熙民宜赋咏
故 00167684	千祥万福萃元正	故 00167798	岩秀原增寿
故 00167685	敬已勤民吁天福	故 00167799	颂是曼寿
故 00167686	勇将归来兼福将	故 00167800	祝寿外藩称内吏
故 00167687	灵河翕兮福万世	故 00167801	永寿无终极
故 00167688	雷霆亦福	故 00167802	个个来沾祝寿筹
故 00167689	恰与安福为清陪	故 00167803	欣征人寿尊浮柏
故 00167690	永资福锡卍民邀	故 00167804	乐寿接颐和
故 00167691	卍福自骈臻	故 00167805	屠苏延寿玉为觞

续表二

宝典福书		元音寿牒	
文物号	印 文	文物号	印 文
故 00167692	福佑三千与大千	故 00167806	无量寿希与佛同
故 00167693	欣蒙元旦福如几	故 00167807	寿酒介春觥
故 00167694	昌昌福迓有壬林	故 00167808	鹿云介寿鹤称仙
故 00167695	庆为苍生迓福骈	故 00167809	永明及寿宁
故 00167696	世世钦遵福永膺	故 00167810	无量寿如是我闻寿超一切两足尊
故 00167698	求福不唐捐	故 00167811	称觞献寿自家家
故 00167699	施惠需云受福宜	故 00167812	无量寿佛卍字胸坐莲花须者其寿尽与无量寿佛同
故 00167700	洪范有言敛时五福敷锡庶民	故 00167813	峙成寿字傍长春
故 00167701	佐天福万民	故 00167814	奉觞起上寿
故 00167702	恺乐韶年百福迎	故 00167815	有人我寿者众生
故 00167703	岁收即是君臣福	故 00167816	一般扶老称灵寿
故 00167704	合与金仙作福田	故 00167817	一曰寿实花之身
故 00167705	福履永绵长	故 00167818	盛时寿冠众黎元
故 00167706	养此寸田福万民	故 00167819	万寿叶贞符
故 00167707	玉兰花号五福树	故 00167820	世共登仁寿
故 00167708	处世惜福胥例此	故 00167821	万寿无疆
故 00167709	育物敢忘锡福筹	故 00167822	酬节介眉寿
故 00167710	不似似中五福首	故 00167823	六星惟寿
故 00167711	绥履福农田	故 00167824	藉以永厥寿
故 00167712	允执福黎蒸	故 00167825	即是万寿图

续表二

宝典福书		元音寿牒	
文物号	印文	文物号	印文
故 00167713	福德无涯	故 00167826	寿卍八千
故 00167714	锡福元正被六霙	故 00167827	寿何如之
故 00167715	祥征滋茂福苍生	故 00167828	可汗起奉酒称万寿
故 00167716	普诸福缘	故 00167829	献寿南山罍醴浮
故 00167717	大地回春福如海	故 00167830	阅几沧桑静以寿
故 00167718	为祝吾民福履绥	故 00167831	嘉夜宝灯辉卍寿
故 00167719	福田斯永	故 00167832	乐易斯长寿
故 00167720	听之天锡福	故 00167833	介寿祥征亚岁骈
故 00167721	凡此诸福众生自有	故 00167834	珠躔应寿星
故 00167722	福海一百顷	故 00167835	亥字书年寿世长
故 00167723	叙是五伦敛时五福以建皇极	故 00167836	是无量寿是两足尊
故 00167724	洵为福出群	故 00167837	亿万人增亿万寿
故 00167725	告汝种福因	故 00167838	鞠泉益寿传佳话
故 00167726	富者福也花无万	故 00167839	采屏延寿玉麟州
故 00167727	余日享清福	故 00167840	正寿之庆
故 00167728	安福愿同民	故 00167841	益寿何须九转丹
故 00167729	邀庥奕叶福斯民	故 00167842	一老百年登寿帙
故 00167730	首岁福征传	故 00167843	是谁欲上南山寿
故 00167731	福覃九宇中	故 00167844	坚不如松寿胜松
故 00167732	永膺福庆	故 00167845	宁寿乐寿堂

宝典福书		元音寿牒	
文物号	印文	文物号	印文
故 00167733	烟凝卍福臻	故 00167846	我以尔寿
故 00167734	种福德田	故 00167847	所嘉彼亦知献寿
故 00167735	见说福资三乘力	故 00167848	寿民寿妇本常披
故 00167736	愿阐福之门	故 00167849	寿星传古貌
故 00167737	所愿绥丰福九有	故 00167850	江山介寿庆如何
故 00167738	五福备矣然乎然	故 00167851	座对南山是寿山
故 00167739	斯苍生之多福即予一人之多福	故 00167852	却喜园林接寿山
故 00167740	贞符首庆福吾民	故 00167853	即见无量寿身而为说法
故 00167741	天然多福	故 00167854	万寿增如大海并
故 00167742	是为福德聚	故 00167855	曰富曰寿曰颜泽曰多力曰身安
故 00167743	基福即于斯	故 00167856	寿德醇风耀闾里
故 00167744	额手天锡福	故 00167857	东皇善锡无量寿
故 00167745	知止全身福	故 00167858	箕畴五福居一斯寿
木印	蓬岛瑶台福海中	故 00167859	宝阁便成无量寿
木印	绥将福禄	故 00167860	大德得其寿
木印	揭绎五福具深义	故 00167861	亓寿无量
木印	咸得福庆	故 00167862	少者扶其寿
木印	祈民福佑多	故 00167863	应知寿比松
木印	各各受诸福	故 00167864	寿缘最高

（三）内府所制

和珅与金简呈献的青田石、铜镀金『宝典福书』『元音寿牒』组印进到宫中后，深得乾隆帝喜爱，后内务府又以青田石和寿山石为材分别制作了一组，其中『宝典福书』组印均为青田石，『元音寿牒』组印一半为青田石、一半为寿山石。这两组印工艺较为简单，皆随形制成，光素无纽。道光至光绪时期，两组印一直放置在宁寿宫花园第四进院落西南隅的云光楼下层养和精舍内，道光年间《养和精舍库存陈设册》记录的名称为『宝典福书紫檀罩盖匣一对，内盛破坏不全洞（冻）石图章一百二十方』和『元音寿牒紫檀罩盖匣一对，内盛破坏不全洞（冻）石图章一百二十方』，编号分别是八十八号和八十九号，后因室内陈设渐多，编号改为一百八十一号和一百八十二号。在光绪三十二年（1906年）七月二十七日设立的《宁寿宫三所库存陈设档》中，这两组印被列在『玉器等项』的第二百三十四号，记作『紫檀罩盖匣四件（破坏），各内盛化石图章六十方』。及至民国时期，两组印已被移至位于乾东五所（北五所）的古董房内，由于用以盛装组印的四个紫檀罩盖匣损坏了两个，所以没有继续放在一起统一保存。其中紫檀印匣完好的『宝典福书』组印其千字文编号为『丽字一二三一』，名称记作『宝典一盒（计印六十方）』，紫檀印匣完好的『元音寿牒』组印其千字文编号为『丽字一二三二』，名称记作『元音寿牒一盒（计印六十方）』。另外120方印则分作四个小号，同置于编号为『丽字一四二二』的一个木箱内，『宝典福书』组印对应『丽字一四二二-2』和『丽字一四二二-3』，名称分别为『青田石章三十方』和『青田石图章三十方』，『元音寿牒』组印系以红寿山石制成的60方，对应『丽字一四二二-1』和『丽字一四二二-4』，当时记录的名称分别为『鸡血昌化石章三十方』和『鸡血石图章三十方』。

内府所制的两组印现均收藏于故宫博物院。两个保存完好的原配紫檀罩盖匣尺寸相同，各长50、宽39、高27厘米，其中一个通体满饰高浮雕镂空海水江崖双云龙纹饰，盖面顶端居中纵向刻有『宝典福书』四字并以铜片嵌之（图七），另一个通体满饰浮雕山水松鹿图案，盖面顶端居中纵向刻有『元音寿牒』四字且亦嵌以铜片（图八），匣内分上下两屉，每屉各盛放30方印。紫檀印匣已失的『宝典福书』和『元音寿牒』组印同样分别放置在上下两屉之中（图九、十），每屉亦盛印30方（表三）。

图七
内府制『宝典福书』组印及印匣
（故宫博物院藏；采自故宫博物院编：《故宫博物院藏青田石》，故宫出版社，2020年，第80、81页）

图八
内府制『元音寿牒』组印及印匣
（故宫博物院藏；采自故宫博物院编：《故宫博物院藏青田石》，故宫出版社，2020年，第88、89页）

图九
内府制『宝典福书』组印
（故宫博物院藏；采自故宫博物院编：《故宫博物院藏青田石》，故宫出版社，2020年，第74页）

图十
内府制『元音寿牒』组印
（故宫博物院藏；采自福建博物院编：《寿山石回故乡》，福建美术出版社，2016年，第44页）

表三　内府制青田石『宝典福书』『元音寿牒』和寿山石『元音寿牒』组印

宝典福书		元音寿牒	
文物号	印文	文物号	印文
故 00167865-1	普诸福缘	故 00167878-1	东皇善锡无量寿
故 00167865-2	是为福德聚	故 00167878-2	太平克壮寿骈臻
故 00167865-3	安福愿同民	故 00167878-3	奉觞起上寿
故 00167865-4	洵为福出群	故 00167878-4	一般扶老称灵寿
故 00167865-5	允执福黎蒸	故 00167878-5	亥字书年寿世长
故 00167865-6	永资福锡卍民邀	故 00167878-6	欣征人寿尊浮柏
故 00167865-7	为祝吾民福履绥	故 00167878-7	万寿无疆
故 00167865-8	额手天锡福（或）听之天锡福	故 00167878-8	安乐老寿
故 00167865-9	贞符首庆福吾民	故 00167878-9	寿世共春台
故 00167865-10	邀庥奕叶福斯民	故 00167878-10	于今多寿者
故 00167865-11	首岁福征传	故 00167878-11	寿为福先语可思
故 00167865-12	福海一百顷	故 00167878-12	寿民寿妇本常披
故 00167865-13	额手天锡福（或）听之天锡福	故 00167878-13	应知寿比松
故 00167865-14	天然多福	故 00167878-14	亓寿无量
故 00167865-15	斯苍生之多福即予一人之多福	故 00167878-15	已勒琬琰寿
故 00167865-16	大地回春福如海	故 00167878-16	眉寿用蕲绾莫穷
故 00167865-17	愿阐福之门	故 00167878-17	世共登仁寿
故 00167865-18	揭绎五福具深义	故 00167878-18	恰喜天香映寿筵
故 00167865-19	见说福资三乘力	故 00167878-19	曰富曰寿曰颜泽曰多力曰身安

续表三

宝典福书		元音寿牒	
文物号	印文	文物号	印文
故 00167865-20	恺乐韶年百福迎	故 00167878-20	丁甲呵持自能寿
故 00167865-21	叙是五伦敛时五福以建皇极	故 00167878-21	俾寿而臧
故 00167865-22	绥将福禄	故 00167878-22	无量寿希与佛同
故 00167865-23	昌昌福迓有壬林	故 00167878-23	得寿拟彭篯
故 00167865-24	咸得福庆	故 00167878-24	屠苏延寿玉为觞
故 00167865-25	世世钦遵福永膺	故 00167878-25	有人我寿者众生
故 00167865-26	基福即于斯	故 00167878-26	介寿还欣福似川
故 00167865-27	各各受诸福	故 00167878-27	一老百年登寿帙
故 00167865-28	祈民福佑多	故 00167878-28	乐寿接颐和
故 00167865-29	种福德田	故 00167878-29	红玉槃承万寿觞
故 00167865-30	余日享清福	故 00167878-30	大德得其寿
故 00167865-31	福履永绵长	故 00167878-31	寿何如之
故 00167865-32	合与金仙作福田	故 00167878-32	嘉名万寿荐寿尊
故 00167865-33	养此寸田福万民	故 00167878-33	万寿灯明卍福全
故 00167865-34	所愿绥丰福九有	故 00167878-34	寿卍八千
故 00167865-35	佐天福万民	故 00167878-35	寿世熙民宜赋咏
故 00167865-36	福佑三千与大千	故 00167878-36	鞠泉益寿传佳话
故 00167865-37	洪范有言敛时五福敷锡庶民	故 00167878-37	寿缘最高
故 00167865-38	求福不唐捐	故 00167878-38	饮泉仙致寿
故 00167865-39	烟凝卍福臻	故 00167878-39	座对南山是寿山

续表三

宝典福书		元音寿牒	
文物号	印文	文物号	印文
故 00167865–40	告汝种福因	故 00167878–40	寿阅百千岁
故 00167865–41	福覃九宇中	故 00167878–41	称觞献寿自家家
故 00167865–42	不似似中五福首	故 00167878–42	寿身兼寿世
故 00167865–43	富者福也花无万	故 00167878–43	却喜园林接寿山
故 00167865–44	蓬岛瑶台福海中	故 00167878–44	惟无量寿福无量
故 00167865–45	庆为苍生迓福骈	故 00167878–45	个个来沾祝寿筹
故 00167865–46	绥履福农田	故 00167878–46	鹿云介寿鹤称仙
故 00167865–47	五福备矣然乎然	故 00167878–47	永寿无终极
故 00167865–48	永膺福庆	故 00167878–48	少者扶其寿
故 00167865–49	卍福自骈臻	故 00167878–49	见寿者相
故 00167865–50	岁收即是君臣福	故 00167878–50	寿世频开千叟筵
故 00167865–51	育物敢忘锡福筹	故 00167878–51	庶使此图更因寿
故 00167865–52	玉兰花号五福树	故 00167878–52	岩秀原增寿
故 00167865–53	处世惜福胥例此	故 00167878–53	坚不如松寿胜松
故 00167865–54	福田斯永	故 00167878–54	寿酒介春觥
故 00167865–55	凡此诸福众生自有	故 00167878–55	乐易斯长寿
故 00167865–56	欣蒙元旦福如几	故 00167878–56	仁寿镜呈献寿图
故 00167865–57	祥征滋茂福苍生	故 00167878–57	寿过赫胥及骊连
故 00167865–58	锡福元正被六霙	故 00167878–58	宝阁便成无量寿
故 00167865–59	福德无涯	故 00167878–59	藉以永厥寿

续表三

宝典福书		元音寿牒	
文物号	印文	文物号	印文
故 00167865-60	施惠需云受福宜	故 00167878-60	如冻梨貌寿而贞
故 00167877-1	景福希邀奕叶绵	故 00167128	益寿何须九转丹
故 00167877-2	从禽屡获福还申	故 00167129	万寿齐朝衣与冠
故 00167877-3	如是则福	故 00167130	介寿祥征亚岁骈
故 00167877-4	临轩书福庆恩昭	故 00167131	苍官寿客结好友
故 00167877-5	得教福地续琅书	故 00167132	普度恒河沙数众生举登安乐寿命世界
故 00167877-6	获庄严福果	故 00167133	江山介寿庆如何
故 00167877-7	岂非天下福	故 00167134	无量寿如是我闻寿超一切两足尊
故 00167877-8	邓尉光福相连延	故 00167135	万寿叶贞符
故 00167877-9	知止全身福	故 00167136	鹤亓性人寿其似
故 00167877-10	锡兹介福	故 00167137	永明及寿宁
故 00167877-11	福履卍年绥	故 00167138	大圆镜前礼无量寿
故 00167877-12	丰实予之福	故 00167139	胜彼兕觥卍寿筵
故 00167877-13	善作心田福自申	故 00167140	盛时寿冠众黎元
故 00167877-14	有秋蚕幸天锡福	故 00167141	际此繁滋仁寿世
故 00167877-15	白鹤紫霄皆福地	故 00167142	颂是曼寿
故 00167877-16	爰嘏福履	故 00167143	万年征寿永
故 00167877-17	元宵百福并	故 00167144	寿庆肇三阳
故 00167877-18	新年景福如川御	故 00167145	敷天寿域庆方长
故 00167877-19	福我民兮	故 00167146	智者乐兮仁者寿

宝典福书		元音寿牒	
文物号	印文	文物号	印文
故 00167877-20	卍福共春来	故 00167147	祝寿外藩称内吏
故 00167877-21	福自天锡	故 00167148	酬节介眉寿
故 00167877-22	百福昌昌入凤城	故 00167149	采屏延寿玉麟州
故 00167877-23	长期福禄佑尘寰	故 00167150	试看骅骝寿
故 00167877-24	五福敷锡	故 00167151	献寿都为海屋筹
故 00167877-25	福己兼福人	故 00167152	即见无量寿身而为说法
故 00167877-26	锡福和且平	故 00167153	正寿之庆
故 00167877-27	降福穰穰	故 00167154	鼎篆旋成寿字文
故 00167877-28	敛福锡群黎	故 00167155	峙成寿字傍长春
故 00167877-29	何以福苍生	故 00167156	是无量寿是两足尊
故 00167877-30	以集厥福	故 00167157	因之寿莫穷
故 00167877-31	肯构亿年延福履	故 00167158	众生登寿世
故 00167877-32	千祥万福萃元正	故 00167159	嘉夜宝灯辉卍寿
故 00167877-33	敬已勤民吁天福	故 00167160	寿为初祜
故 00167877-34	勇将归来兼福将	故 00167161	六星惟寿
故 00167877-35	灵河翕兮福万世	故 00167162	延寿戬禧晖吉语
故 00167877-36	雷霆亦福	故 00167163	亿万人增亿万寿
故 00167877-37	景福昌昌开泰始	故 00167164	万寿增如大海并
故 00167877-38	恰与安福为清陪	故 00167165	即是万寿图
故 00167877-39	上下情亲福禄长	故 00167166	箕畴五福居一斯寿

宝典福书		元音寿牒	
文物号	印文	文物号	印文
故 00167877–40	以招百福繁生息	故 00167167	虚空万古静为寿
故 00167877–41	豫日符年福卜几	故 00167168	苍松本寿客
故 00167877–42	欢同百福成	故 00167169	无量寿佛卍字胸坐莲花须者其寿尽与无量寿佛同
故 00167877–43	于万斯年恒保此福	故 00167170	阅几沧桑静以寿
故 00167877–44	时若虔祈锡福仍	故 00167171	所嘉彼亦知献寿
故 00167877–45	福禄寿原修为已	故 00167172	献春将介寿
故 00167877–46	上日前期福履申	故 00167173	宁寿乐寿堂
故 00167877–47	和气一家时敛福	故 00167174	共迓天恩而益寿
故 00167877–48	安然福九垓	故 00167175	迎銮祝寿陪臣价
故 00167877–49	农雇有厚福	故 00167176	一曰寿实花之身
故 00167877–50	东皇福与然灯似	故 00167177	其寿端由在朴间
故 00167877–51	庆洽占年景福禔	故 00167178	是谁欲上南山寿
故 00167877–52	战则克而祭受福	故 00167179	华言福寿等须弥
故 00167877–53	万年福永茂	故 00167180	疋化育材欣寿世
故 00167877–54	洞天福地列第九	故 00167181	寿德醇风耀闾里
故 00167877–55	光福即空同	故 00167182	可汗起奉酒称万寿
故 00167877–56	在沙福禄来	故 00167183	桂月光浮卍寿觞
故 00167877–57	周易分明注福兼	故 00167184	寿星传古貌
故 00167877–58	五福锡民钦扆负	故 00167185	我以尔寿
故 00167877–59	祈合东皇卍福禔	故 00167186	珠躔应寿星
故 00167877–60	福地无双擅地灵	故 00167187	献寿南山罘醴浮

表中所载『元音寿牒』组印中，『故 00167878–1』至『故 00167878–60』为青田石质，『故 00167128』至『故 00167187』为寿山石质。需要特别说明的是，查阅史籍和已公布的清宫档案，目前尚不见有关和珅与金简呈进『宝典福书』『元音寿牒』组印的记录。与《万寿盛典初集》利用六卷篇幅详细记载王公大臣为康熙帝六十寿辰所恭进的贺礼不同，《八旬万寿盛典》中并没有一众臣子向乾隆帝进贡的具体清单，因此只能通过诸如《清宫瓷器档案全集》收录的贡档进单等材料进行查找。然而，无论是乾隆五十五年（1790 年）的万寿贡，还是之前的端阳贡、年贡乃至乾隆五十四年的节庆各贡，都没有和珅、金简贡印的记载。之所以能够确定青田石、铜镀金组印系此二人为乾隆帝八旬万寿所进，是因为后文将要提及的金简所进组印印谱中有『万寿八旬大庆。乾隆庚戌元旦』字样，而和珅所进组印印文又与金简所进者内容一致的缘故。另外，清宫《活计档》中也未查见内务府复以青田石和寿山石制作组印的记载，此处系从故宫博物院专家之说。

三 《宝典福书》《元音寿牒》册页

（一）纸本

1. 和珅进组印印谱

和珅呈进的青田石组印均自附印谱，分别放置在漆印匣上层格盒中格所盛的印章之上。印谱纵 12、横 16.2 厘米，各 20 开，配硬木面，上书『宝典福书』『元音寿牒』，前后另有两开洒金纸。每开中间对折，共钤盖 6 方印章，左右各 3 方，水平排列，基本为白文、朱文相交错，每方印文上方均墨书相应的楷书释文。两本册页的末开（《宝典福书》印谱重新装裱时误作第 2 开）最后书有『臣和珅恭集敬篆』，钤『臣』朱文圆印、『和珅』白文方印。两册印谱现均收藏于故宫博物院（图十一、十二）。

2. 金简进组印印谱

金简呈进的铜镀金组印亦自附印谱，两本册页共置于一个木盒之中。印谱纵 30、横 15 厘米，各 17 开，每开中间对折，磁青纸，泥金印文，首开分别题隶书『宝典福书』『元音寿牒』，第 2 开至第 16 开钤盖印文，其排列顺序、样式及边框纹饰与天津市文物交流中心藏缂丝印谱册页完全一致（实际上，后文将要提及的所有缂丝和刺绣印谱册页都是按照金简所进组印的印谱样式制作的）。每方印文上方以泥金书写相应的楷书释文，末开右侧书泥金『万寿八旬大庆。乾隆庚戌元旦』，左侧书泥金『臣金简恭集御制句敬篆』，钤『臣简』阴文、『敬事』阳文方印。首开之前和末开之后另各有一开纸，分别钤盖『五福五代堂古稀天子宝』和『八征耄念之宝』阳文方印。与和珅组印印谱相比，金简组印印谱的排列顺序不同，每方印文的样式则基本相同，仅个别阴阳

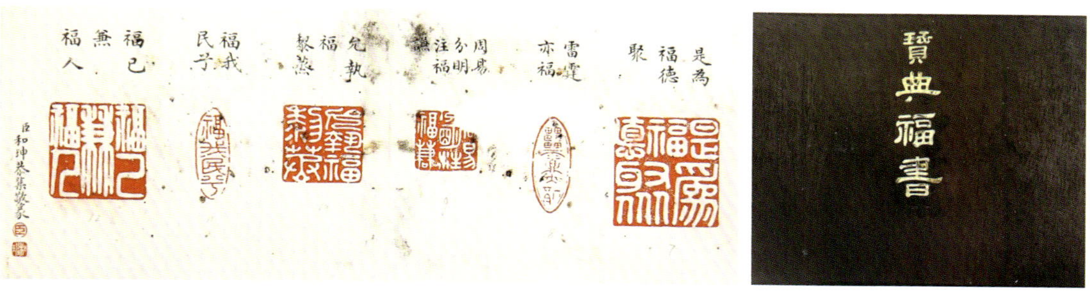

图十一
和珅进『宝典福书』组印印谱
（故宫博物院藏；采自故宫博物院编：《故宫博物院藏青田石》，故宫出版社，2020年，第58、59页）

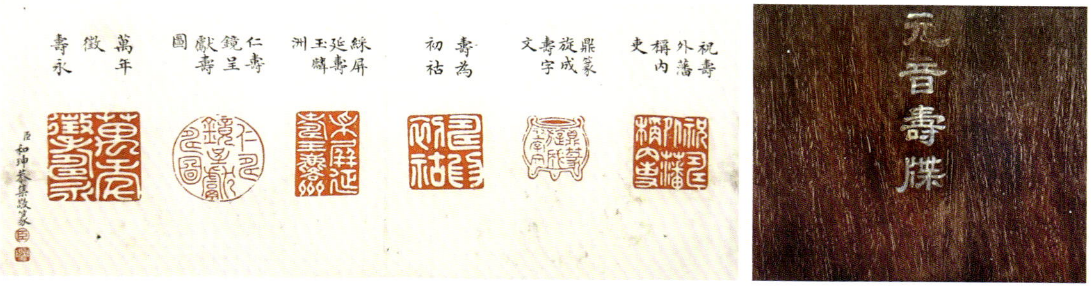

图十二
和珅进『元音寿牒』组印印谱
（故宫博物院藏；采自故宫博物院编：《故宫博物院藏青田石》，故宫出版社，2020年，第67页）

文字形相反。两册印谱现均收藏于故宫博物院。

3. 内府制组印印谱

内府所制青田石、寿山石组印印谱各分为上下两册，唯《宝典福书》下册已失，现仅存3册。印谱纵19、横10厘米，各15开，前有一开洒金纸，配硬木面，上书『宝典福书上册』『元音寿牒上册』『元音寿牒下册』，但两本上册已无底面。每开中间对折，共钤盖4方印章，左右各2方，上下排列，基本为白文、朱文相交错，每方印文上方均墨书相应的楷书释文，整体排列顺序与金简组印印谱相同，其中《元音寿牒》上册钤盖的是以青田石制成的60方印章，下册钤盖的则是以寿山石制成的60方印章。三册印谱现均收藏于故宫博物院，《宝典福书》文物号为『故00259129』，《元音寿牒》文物号为『故00259130-1』和『故00259130-2』。

4. 墨刻本印谱

所谓『墨刻』，是指对书画作品进行摹刻并以墨捶拓，这种艺术形式自北宋《淳化阁帖》问世后便广为盛行，为保存和传承我国历史上诸多书画名迹起到重要作用。清宫刻拓了大量历代法书名迹、清帝御笔诗文及其他当朝美术作品，《宝典福书》《元音寿牒》印谱也在其列，且与缂丝、刺绣印谱册页一样，墨刻本印谱同以金简组印印谱为底本。据嘉庆五年（1800年）十月《东书院收贮墨刻并图册清册》记载，乾隆五十四年十二月十九日（1790年2月2日），首领王连城交雍和宫『宝典福书一卷（庚戌元旦）、元音寿牒一卷（庚戌元旦）』，又据嘉庆年间各册《清漪园库贮墨刻清册》、嘉庆二十二年（1817年）《静明园库贮墨刻册》和道光、咸丰年间各册《静明园库贮陈设册》记载，乾隆五十四年十二月二十一日和二十六日，懋勤殿分别交清漪园、静明园『宝典福书墨刻字一张、元音寿蝶（牒）墨刻字一张』（其中道光二十四年之后的历册《静明园库贮陈设册》因记录简省，只保留每年第一处详细日期，故列入『乾隆五十四年正月十二日』目下）。由此可以得知，和珅、金简呈贡的『宝典福书』『元音寿牒』组印及印谱应该在乾隆五十四年即已进到宫中，这也与金简组印印谱上所见『乾隆庚戌元旦』的时间点相符，不过如前所述，目前尚不能查到和珅、金简贡印的明确记载。

清宫批量复制的墨刻本《宝典福书》《元音寿牒》多为两册一套，冠以『天章演范』的嘉名，宫内外数处皇家苑囿及坛庙皆有收贮，前述雍和宫、清漪园、静明园所藏大都可以查到后续相关档案。如嘉庆五年（1800年）十月《大和斋静挹化源三层房殿座陈设清册》记载静挹化源三层房明间里间的一张宝座床上陈设『天章演范墨刻册页一套二册』，而在道光二十四年（1844年）该处《陈设清册》中已移至三层房明殿里间门上挂的一对高丽木格子内，记作『天章演范墨刻册页二册（虫蛀）』。嘉庆十二年（1807年）《构虚轩等处陈设清册》记载清漪园绘芳堂楼上一对紫檀边腿湘妃竹牙紫漆心书桌下陈设『天章演范墨刻册页二册（楠木壳面，锦套）』，道光年间各册《构虚轩陈设清册》《构虚轩等处库贮陈设清册》改记作『绘芳堂楼下』，名称为『天章演范墨刻（册页）二册（楠木壳面，锦套，金简）』。道光二十三年（1843年）之前的《静明园含经堂陈设册》记载静明园书画舫中间一张楠木包厢（镶）宝座床上陈设『天章演范墨刻册页二册（金简字，楠木壳面，锦套）』（其中道光十六年、二十年的《陈设册》记作『一册』），道光二十四年之后直至咸丰年间记作『天章演范墨刻册页一套二册（金简字）』。此外，道光至同治年间各册《寿皇殿西龛供奉陈设档》记载寿皇殿西龛库存陈设中有『天章演范二册』，其中道光七年（1827年）的《陈设档》将之列为『元字五十二号』之一。同治年间各册《紫光阁武成殿陈设档》记载中海武成殿内陈设『宝典福书、元音寿牒墨刻册页二册（天章演范，锦套盛）』。『宣统十二年』（1920年）四月设立的《静怡轩册页帐》中，建福宫花园第二进院落的静怡轩内收贮『天章演范一函，计二册』，编号是三百十七号。另据《故宫物品点查报告》记载，斋宫的一个木箱内存有『天章演范二册（计一函，描金图章）』，千字文编号为『成字一八一-16』。养心殿内也有『宝典福书一册、元音寿牒一册』，千字文编号为『吕字一三六五』，具体质地不详，或亦为墨刻本。台北故宫博物院现藏墨刻《宝典福书》《元音寿牒》册页各一册，纵28、横14.6厘米，文物号分别为『故书000954』和『故书000955』，因其原始编号不详，不知是否即为前述各处中的一套，两册首开所题『宝典福书』『元音寿牒』上均压盖『宣统御览之宝』阳文椭圆印。中国国家博物馆亦藏有墨刻《元音寿牒》册页一册，普查编号为1101012180003610692913，但首开所题『元音寿牒』上没有压盖印章。朝阳博物馆另藏有墨刻《宝典福书》手卷一件，系朝阳市文物商店于20世纪80年代初购得，纵28、横499厘米，黄裱纸封签上题写『乾隆御制宝典福书』，其首开所题『宝典福书』上同样没有压盖印章。相比于册页，手卷装裱形式的墨刻本数量较少，道光二十七年（1847年）和光绪二十九年（1903年）盛京故宫《西七间楼恭贮书籍墨刻器物清册》中亦曾见有『元音寿牒一卷（系墨刻）、宝典福书一卷（系墨刻）』的记载。

（二）缂丝

1. 胡季堂进

胡季堂（1729—1800年），字升夫，号云坡，河南光山人，雍正朝内阁学士兼礼部左侍郎胡煦（1655—1736年）幼子，总办乾隆帝八旬万寿庆典时任刑部尚书。胡季堂所进缂丝印谱至少有两套，均与天津市文物交流中心藏品样式相近，现分述如下：

（1）第一套

印谱纵29、横15厘米，各17开，前后另有两开黄色洒金绢，每开中间对折，末开右侧以黑色丝线缂题隶书『万寿八旬大庆。乾隆庚戌元旦』，左侧缂题『臣胡季堂恭进』，钤『臣胡季堂』白文、『敬摹』朱文方印，首开右下角和末开左下角各钤盖一方『宝蕴楼藏』朱文方印，每开边框纹饰采用三蓝缂技法，以深浅不同的蓝色表现，硬木册面顶端居中纵向镌刻隶书『宝典福书』『元音寿牒』。原配紫檀罩盖匣仍存，与盛放内府所制组印的盖匣相似，通体满饰浮雕云龙纹饰，各面四边均饰一周回纹，盖面顶端居中纵向长方条框内刻『福寿鸿文』，下刻『臣胡季堂恭进』，皆以铜片嵌填（图十三）。

图十三
胡季堂进《宝典福书》《元音寿牒》缂丝印谱册页及盖匣
（故宫博物院藏；采自单国强主编：《故宫博物院藏文物珍品大系·织绣书画》，上海科学技术出版社、商务印书馆（香港）有限公司，2005年，第216页）

缂丝是我国古代丝织工艺中最为名贵的品种，素有『一寸缂丝一寸金』『织中之圣』的美誉，其特有的『通经断(回)纬』『挑经显纬』技法极其费时费工，因此历史上多为皇家和富贵阶层所垄断，到清代时主要由苏州织造负责制作。此套印谱其实并非制成于乾隆五十五年（1790年），而是迟至三年之后的万寿节贡品，可见缂丝制品完工之不易。乾隆五十八年八月初六日，胡季堂呈进『御制福寿鸿文缂丝册一合(盒)』，贡单上标明『交热河』，此后便一直存贮于热河行宫。光绪十一年十二月（1886年1月5日—2月3日）《含青斋分下宜照斋陈设铺垫等项清档》记载避暑山庄宜照斋殿三间明间的一张宝座床上陈设『紫杫（檀）嵌玉匣一件（内盛宝典福书胡季堂字二册）』，或即为此套印谱。1913年11月至1914年10月，热河行宫各处的陈设物品分七批运至北京，印谱亦位列其中，后转入在紫禁城咸安宫旧址兴建、于1915年6月落成的古物陈列所文物库房宝蕴楼内存放。1925年出版的《内务部古物陈列所书画目录》『附卷第一』中对之有明确记载：

清缂丝胡季堂进宝典福书及元音寿牒二册

三彩边，素地，纵八寸九分强，横九寸四分。分缂朱白文印章，每方均有黑字楷书释文。册各十六页，末页隶书题『万寿八旬大庆。乾隆庚戌元旦，臣胡季堂恭进』，计四行。印二，『臣胡季堂』『敬摹』白朱文各一方。两册同。第一册引首隶书『宝典福书』，第二册『元音寿牒』。

除册页引首页末计入开数而写作16页外，其余信息均相符无误。随后，被称为近代『缂丝收藏第一人』的朱启钤（1872—1964年）在其《清内府藏刻丝书画录》卷一『法书』类中也收录了这两册印谱，描述大体相同。两册印谱现均收藏于故宫博物院，《宝典福书》文物号为『故00072829』（图十四—十六），《元音寿牒》文物号为『故00072834』（图十七—十九）。

（2）第二套

样式、尺寸与第一套基本一致，仅有些微区别。《内务部古物陈列所书画目录》『附卷第一』中亦有著录：

清缂丝胡季堂进宝典福书及元音寿牒二册

三彩边，米色地，纵九寸一分，横九寸九分。分缂朱白文印章，每方均有黑字楷书释文。册各十六页，款『臣胡季堂恭进』。两册同，第一册引首隶书『宝典福书』，第二册『元音寿牒』。

后同为《清内府藏刻丝书画录》卷一『法书』类收录。

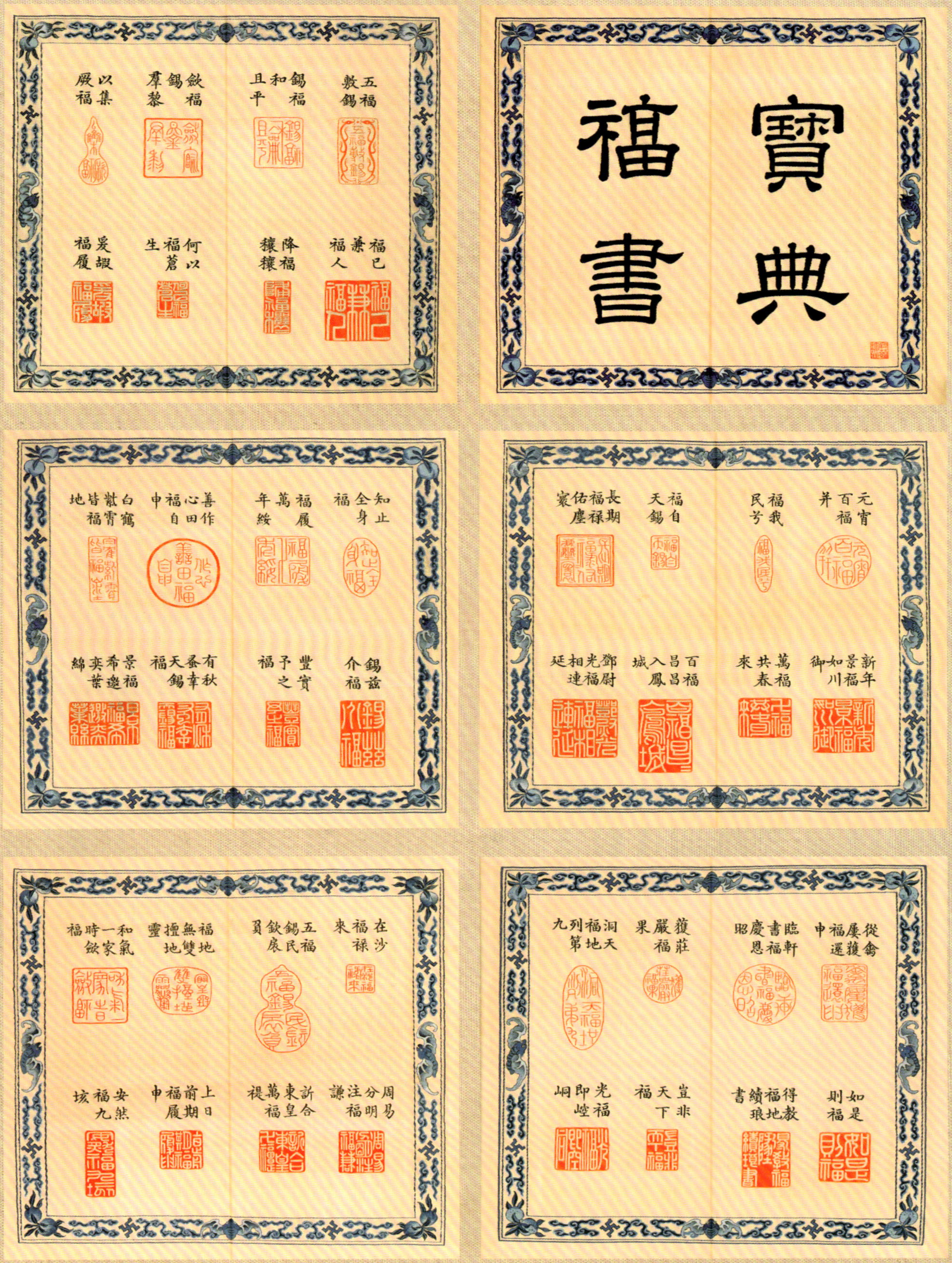

图十四
胡季堂进《宝典福书》缂丝印谱册页（一）
（故宫博物院藏；采自单国强主编：《故宫博物院藏文物珍品大系·织绣书画》，上海科学技术出版社、商务印书馆（香港）有限公司，2005年，第216—219、223页。）

图十五 胡季堂进《宝典福书》缂丝印谱册页（二）

（故宫博物院藏；采自单国强主编：《故宫博物院藏文物珍品大系·织绣书画》，上海科学技术出版社、商务印书馆（香港）有限公司，2005年，第218—220、223、224页。）

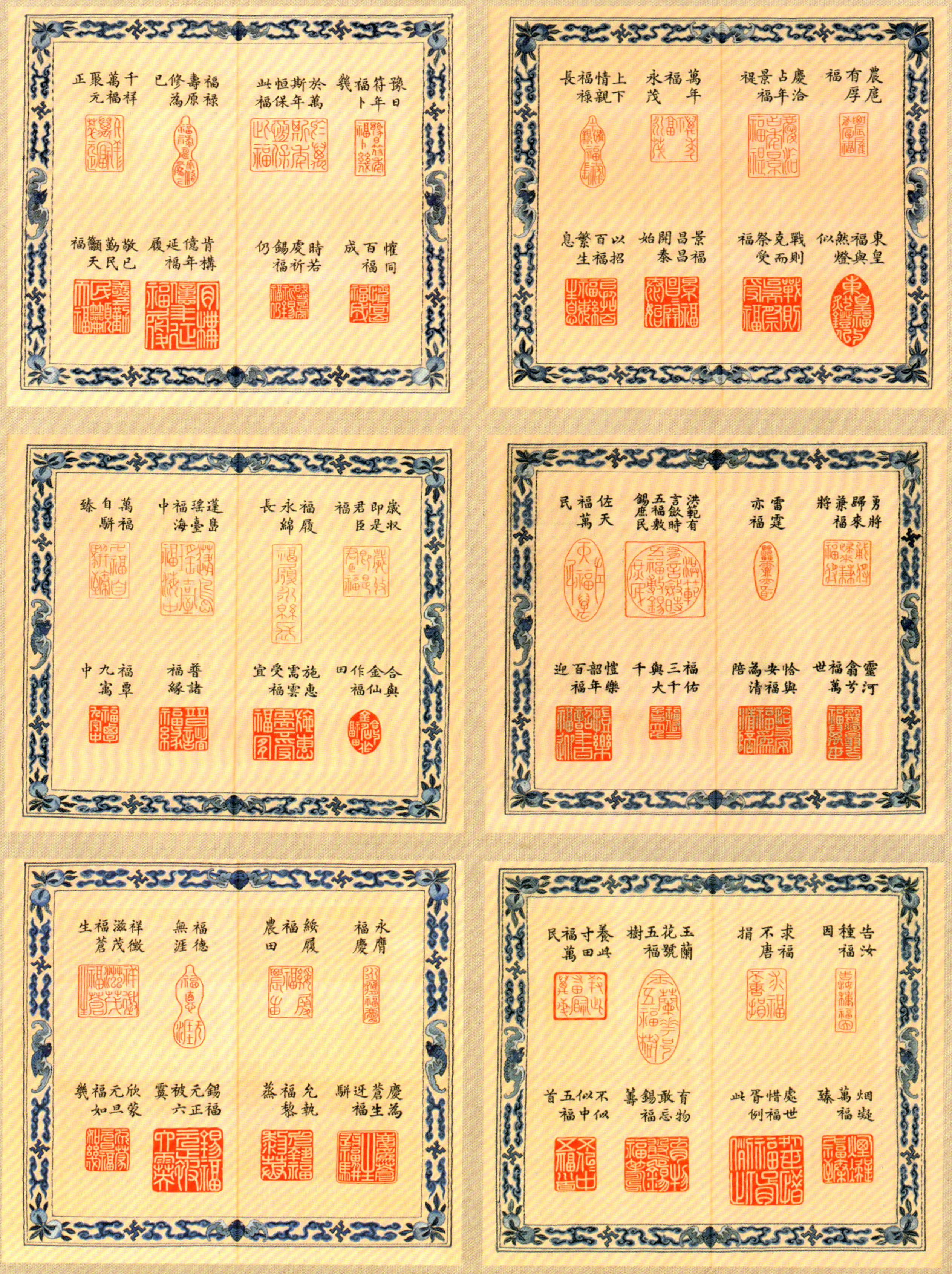

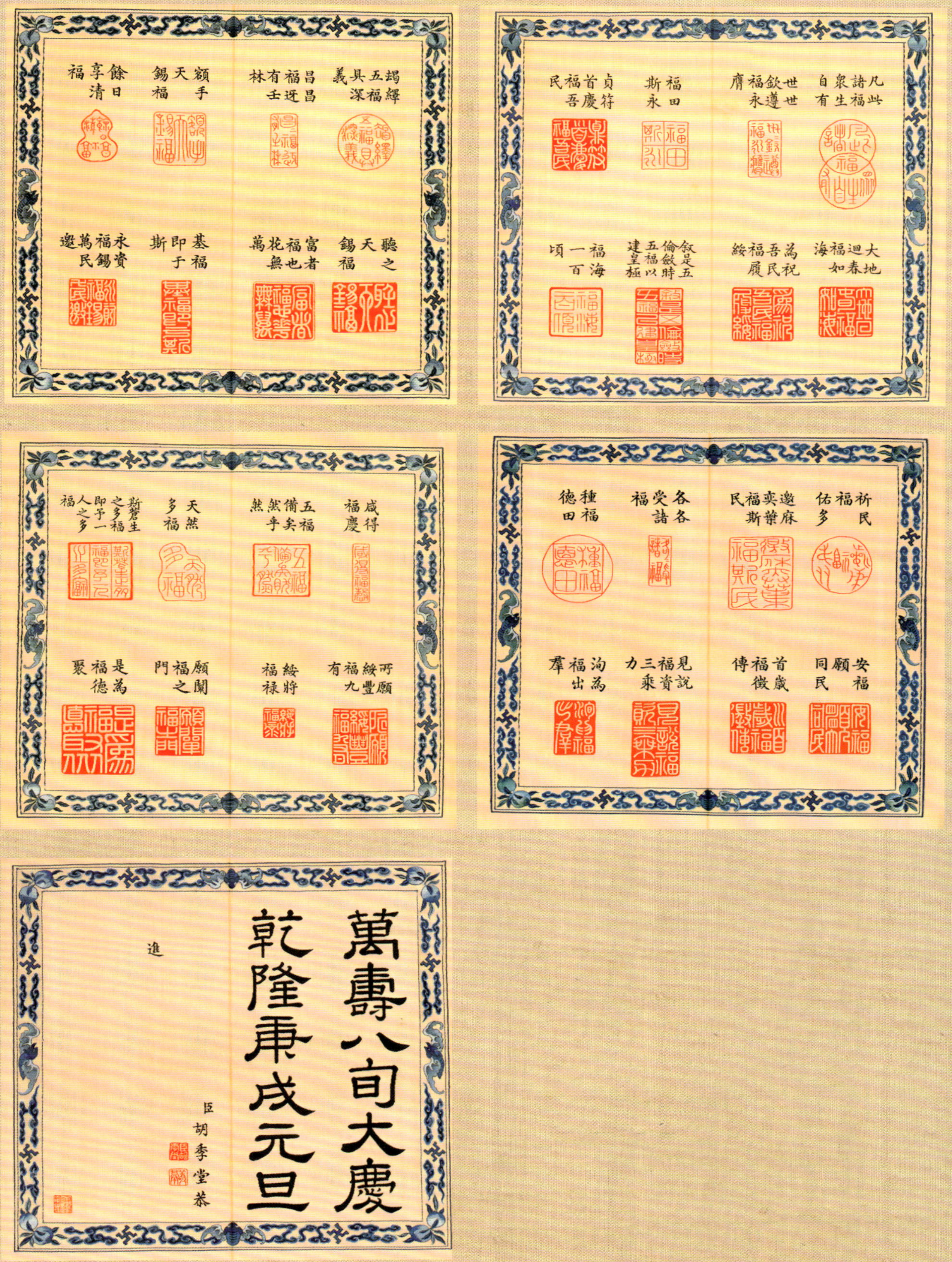

图十六 胡季堂进《宝典福书》缂丝印谱册页（三）
（故宫博物院藏；采自单国强主编：《故宫博物院藏文物珍品大系·织绣书画》，上海科学技术出版社、商务印书馆（香港）有限公司，2005年，第221、222、224页。）

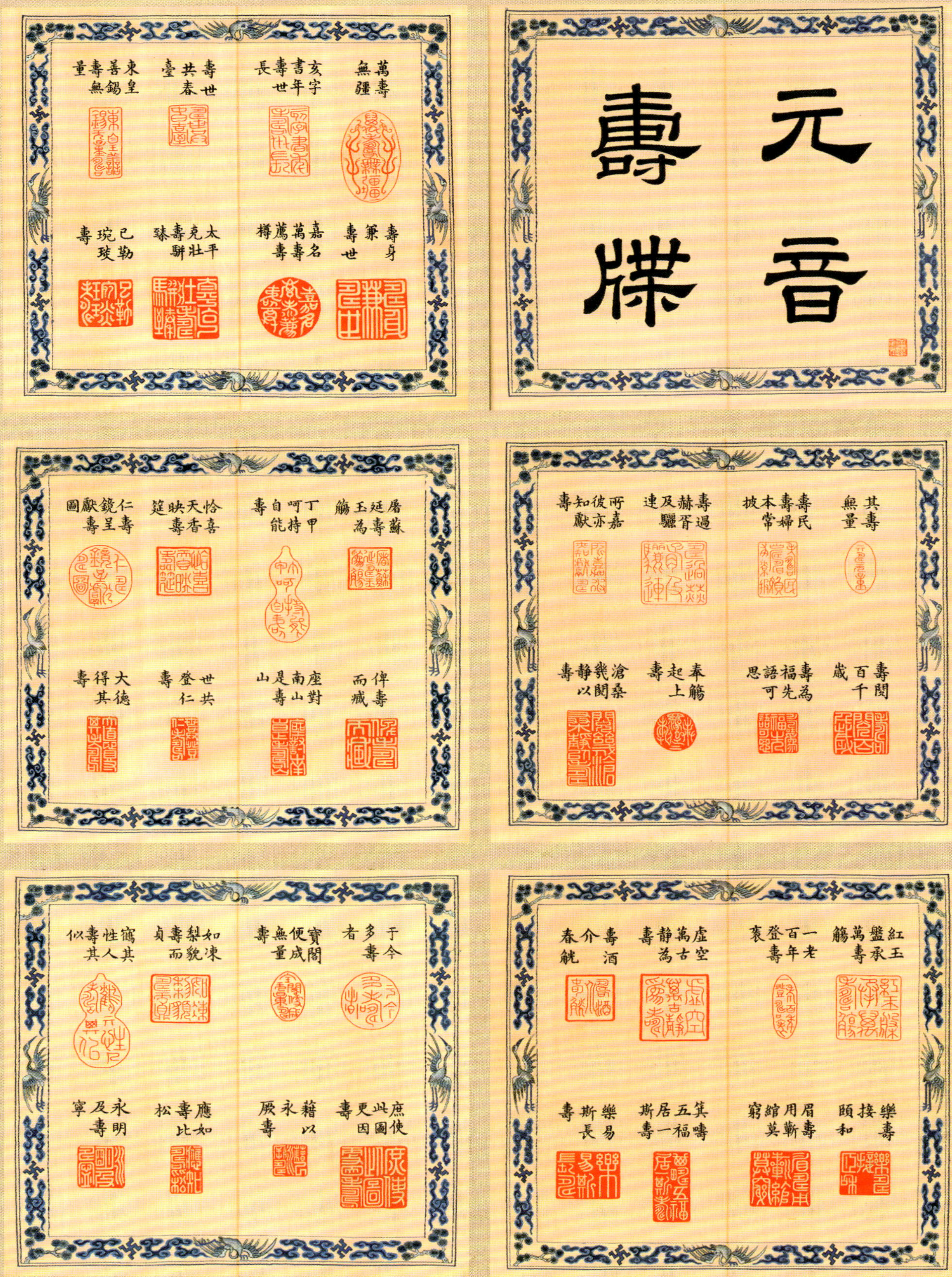

图十七　胡季堂进《元音寿牒》缂丝印谱册页（一）
（故宫博物院藏：采自故宫博物院编：《经纶无尽——故宫藏织绣书画》，紫禁城出版社，2006年，第123—125页。）

图十八　胡季堂进《元音寿牒》缂丝印谱册页（二）

（故宫博物院藏；采自故宫博物院编：《经纶无尽——故宫藏织绣书画》，紫禁城出版社，2006年，第126—128页。）

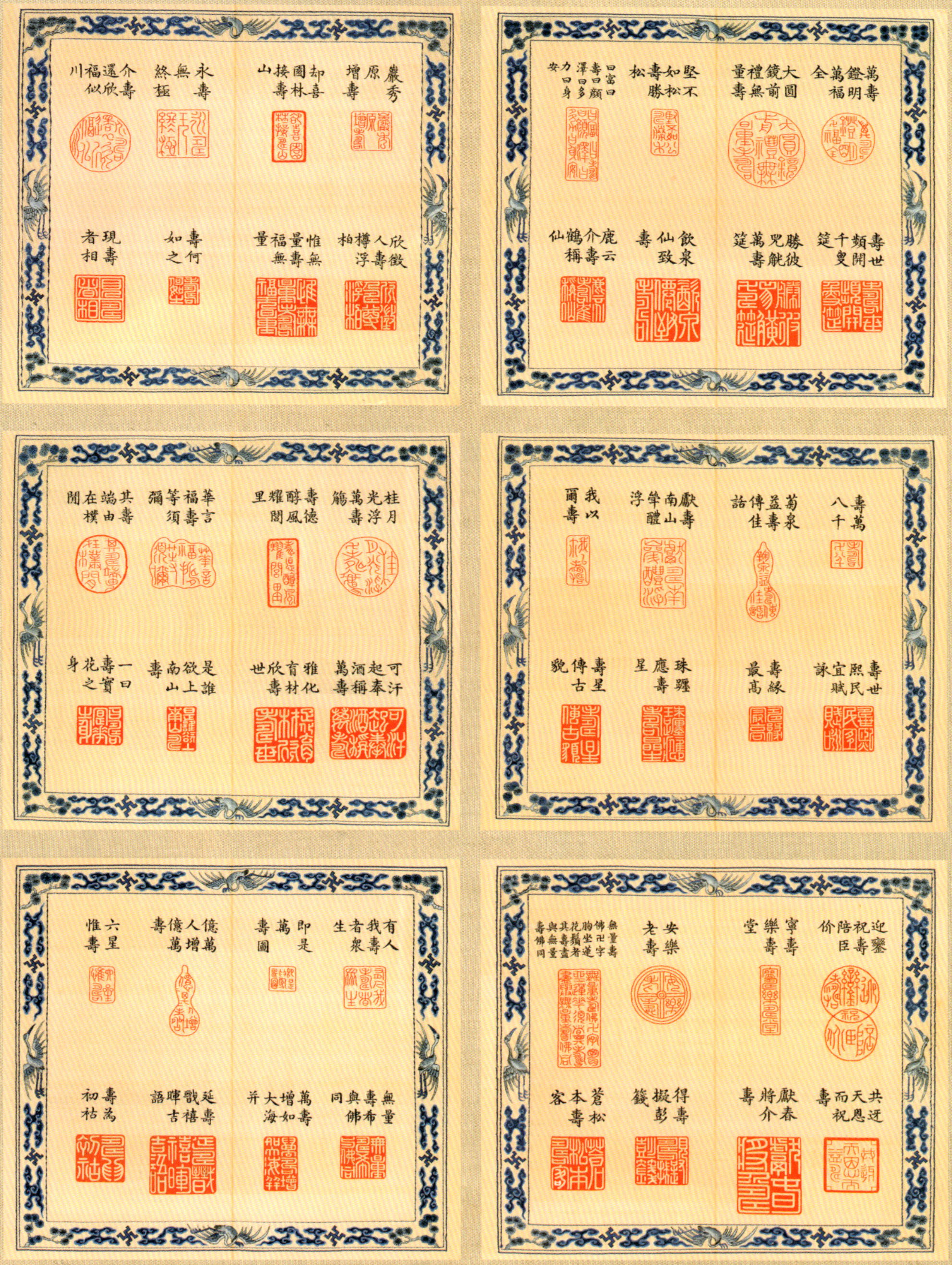

图十九

胡季堂进《元音寿牒》缂丝印谱册页（三）

（故宫博物院藏；采自故宫博物院编：《经纶无尽——故宫藏织绣书画》，紫禁城出版社，2006年，第129—131页。）

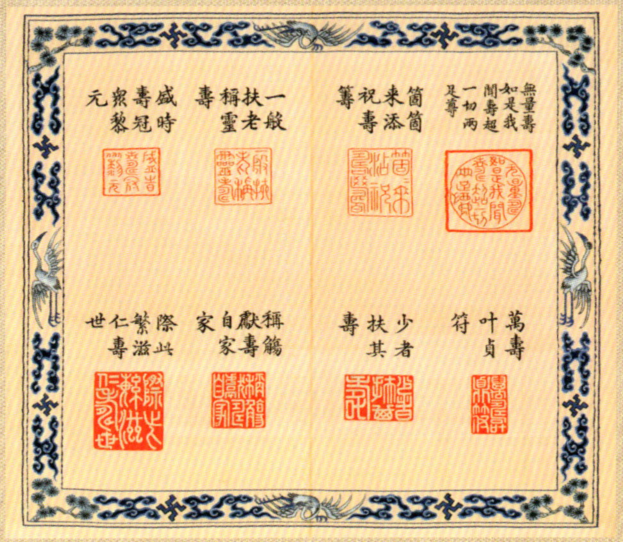

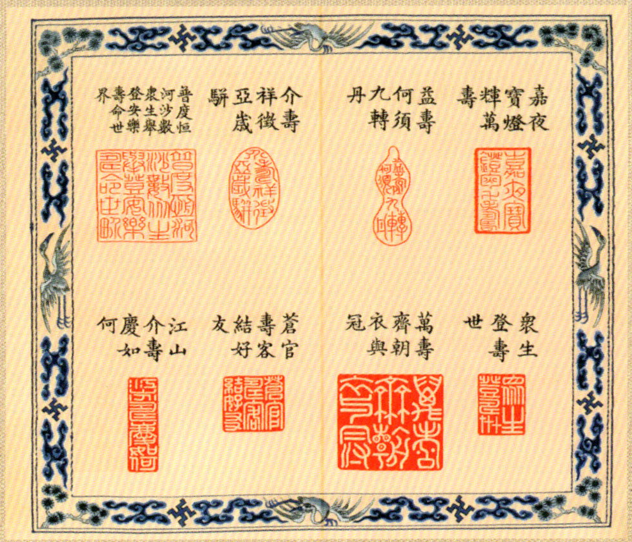

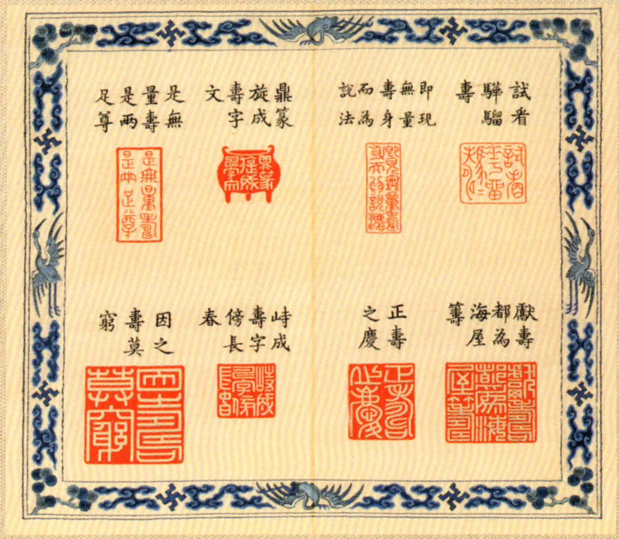

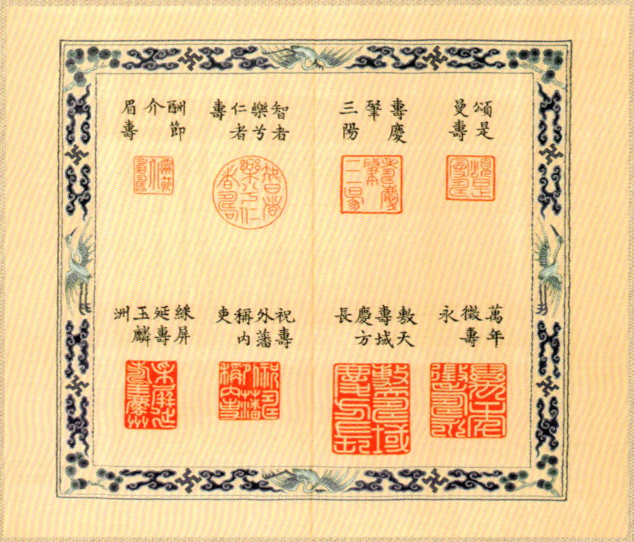

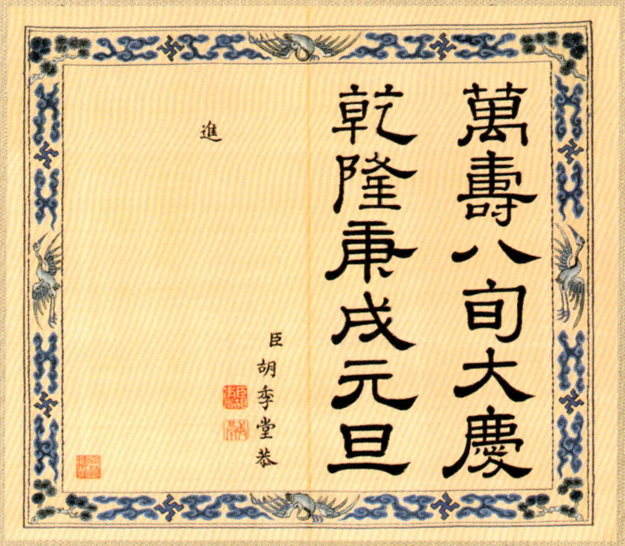

两册印谱现均收藏于故宫博物院，《宝典福书》文物号为『故00072833』，《元音寿牒》文物号为『故00072835』。

2. 无款

故宫博物院另藏有两套缂丝《宝典福书》《元音寿牒》印谱册页，内容基本相同，样式、尺寸略有区别。因没有胡季堂的明确署款，不确定是否同为其所进献，现简述如下：

（1）第一套

样式与前述带有胡季堂署款的两套相仿，亦为米色地，前后各有洒金绢，唯每开边框纹饰中增加了白彩的比重，硬木面镌题的『宝典福书』『元音寿牒』外刻以一周长方形回纹。千字文编号为『金字七七九』，查《故宫物品点查报告》对应记载，系西六宫之一永寿宫东暖阁内『洋瓷盖盒四个』，不知是编号记录有误还是当时印谱放置在洋瓷盖盒之内。现《宝典福书》文物号为『故00072906』，《元音寿牒》文物号为『故00072851』。

（2）第二套

印谱呈方形，样式与天津市文物交流中心所藏完全一致，仅硬木面镌题的『御制句宝典福书』『御制句元音寿牒』外各刻以一周长方形回纹。光绪年间各册《皇极殿陈设册》记载宁寿宫皇极殿明殿陈设『紫檀方匣一件，内盛御制句宝典福书一册、御制句元音寿牒一册』，编号六十八号，即为此套印谱。《故宫物品点查报告》中记作『缂丝御制句宝典福书、元音寿牒各一册（带硬木托）』，放置在永寿宫一个木箱内，千字文编号为『金字二一二一-15』。现《宝典福书》文物号为『故00072914』，《元音寿牒》文物号为『故00072913』。

（三）刺绣

故宫博物院还藏有一套刺绣《宝典福书》《元音寿牒》印谱册页，亦呈方形，每开画心为金黄地，余为深蓝地，边框纹饰仅以黄色勾边，唯《元音寿牒》边框纹饰与《宝典福书》相同，前后另有洒金绢，硬木面镌隶书『宝典福书』『元音寿牒』。《故宫物品点查报告》记载古董房内有『元音寿牒一册（带漆匣）』，千字文编号为『丽字四五四』，或即指此套中的《元音寿牒》。现《宝典福书》文物号为『故00073024』，《元音寿牒》文物号为『故00073020』。

此外，在光绪三十二年（1906年）七月二十七日所立的《宁寿宫库存陈设档》中，『宁寿宫三所库存册页等项』内有『四号，雕漆长方匣三件（破），内盛缂丝图章谱二册』，或亦指前述缂丝、刺绣诸套中之一套。

四 《宝典福书》《元音寿牒》印文正误

如前所述，存世所有墨刻本、缂丝、刺绣《宝典福书》《元音寿牒》印谱册页均依照金简组印印谱的样式制作，虽彼此内容相同，但对比所选用的乾隆帝御制诗文原文，可以发现印谱的印文、释文与原诗文之间多有不尽一致之处，具体而言有以下几种情况（册页开数只以印文页计，即共15开）：

（一）释文、诗文相同，印文不同

1.「万」字特殊篆法（「万」作「卍」）

《宝典福书》第2开「万福共春来」，印文为「卍福共春来」。

《宝典福书》第3开「福履万年绥」，印文为「福履卍年绥」。

《宝典福书》第5开「祈合东皇万福禔」，印文为「祈合东皇卍福禔」。

《宝典福书》第9开「万福自骈臻」，印文为「卍福自骈臻」。

《宝典福书》第10开「烟凝万福臻」，印文为「烟凝卍福臻」。

《宝典福书》第13开「永资福锡万民邀」，印文为「永资福锡卍民邀」。

《元音寿牒》第6开「万寿灯明万福全」，印文为「万寿灯明卍福全」。

《元音寿牒》第6开「胜彼兕觥万寿筵」，印文为「胜彼兕觥卍寿筵」。

《元音寿牒》第8开「寿万八千」，印文为「寿卍八千」。

《元音寿牒》第9开「桂月光浮万寿觞」，印文为「桂月光浮卍寿觞」。

《元音寿牒》第12开「嘉夜宝灯辉万寿」，印文为「嘉夜宝灯辉卍寿」。

2. 通假字及特殊篆法

《宝典福书》第4开「光福即崆峒」，印文为「光福即空同」。

《宝典福书》第5开「周易分明注福谦」，印文为「周易分明注福兼」。

《元音寿牒》第1开「嘉名万寿荐寿樽」，印文为「嘉名万寿荐寿尊」。

《元音寿牒》第2开「其寿无量」，印文为「亓寿无量」。

《元音寿牒》第4开「红玉盘承万寿觞」，印文为「红玉槃承万寿觞」。

《元音寿牒》第5开「鹤其性人寿其似」，印文为「鹤亓性人寿其似」。

《元音寿牒》第7开「欣征人寿樽浮柏」，印文为「欣征人寿尊浮柏』。

《元音寿牒》第7开『现寿者相』，印文为『见寿者相』。

《元音寿牒》第8开『菊泉益寿传佳话』，印文为『鞠泉益寿传佳话』。

《元音寿牒》第9开『雅化育材欣寿世』，印文为『疋化育材欣寿世』。

《元音寿牒》第14开『彩屏延寿玉麟洲』，印文为『采屏延寿玉麟州』。

《元音寿牒》第15开『即现无量寿身而为说法』，印文为『即见无量寿身而为说法』。

3. 别字

《宝典福书》第6开『农扈有厚福』，印文为『农雇有厚福』。

《宝典福书》第9开『福覃九寓中』，印文为『福覃九宇中』。

《元音寿牒》第13开『个个来添祝寿筹』，印文为『个个来沾祝寿筹』。

（二）印文、释文相同，诗文不同

1. 别字

《宝典福书》第2开『长期福禄佑尘寰』，诗文为『长期福履佑尘寰』。

《宝典福书》第10开『告汝种福因』，诗文为『告尔种福因』。

《元音寿牒》第14开『祝寿外藩称内吏』，诗文为『祝寿外藩将内吏』。

2. 通假字

《宝典福书》第3开『有秋蚕幸天锡福』，诗文为『有秋早幸天锡福』。

《宝典福书》第6开『东皇福与然灯似』，诗文为『东皇福与燃灯似』。

《宝典福书》第6开『庆洽占年景福禔』，诗文为『庆恰占年景福禔』。

《宝典福书》第7开『豫日符年福卜几』，诗文为『预日符年福卜几』。

《元音寿牒》第1开『太平克壮寿骈臻』，诗文为『泰平克壮寿骈臻』。

《元音寿牒》第11开『延寿戬禧晖吉语』，诗文为『延寿戬禧辉吉语』。

3. 字序颠倒

《宝典福书》第4开『获庄严福果』，诗文为『庄严获福果』。

（三）印文、诗文相同，释文不同

1. 别字

《宝典福书》第7开『千祥万福萃元正』，释文为『千祥万福聚元正』。

《元音寿牒》第5开『应知寿比松』，释文为『应如寿比松』。

《元音寿牒》第10开『共迓天恩而益寿』，释文为『共迓天恩而祝寿』。

2. 字序颠倒

《元音寿牒》第1开『东皇善锡无量寿』，释文为『东皇善锡寿无量』。

《元音寿牒》第2开『阅几沧桑静以寿』，释文为『沧桑几阅静以寿』。

此外，还有个别字，其诗文、印文、释文写法均一致，但今已不用，本文采用的都是现有写法，如《元音寿牒》第4开『一老百年登寿帙』的『帙』原作『袠』，第8开『献寿南山斝醴浮』的『斝』原作『斚』，繁体字情况则不在此列。

结语

自和珅、金简于乾隆五十四年（1789年）呈进的『宝典福书』『元音寿牒』组印受到乾隆帝宝爱，继而金简组印印谱被大量墨刻并于多处陈设之后，这两册印谱俨然成为乾隆末年一个热门时尚的贺寿题材，多有大臣争相效仿。除前述诸例外，清宫档案中还可见到其他体裁的相类工艺品记载。如乾隆五十五年十二月十三日（1791年1月17日），湖广总督毕沅（1730—1797年）进『御制句元音寿牒、宝典福书图书二柜』，但被『奉旨驳出』，亦即内廷并未收下，而是退还给毕沅。乾隆五十六年十二月初九日（1792年1月2日），陕西巡抚秦承恩（?—1809年）进『御制句元音寿牒、宝典福书图章挂屏成对』，该贡品未见被驳出的记录。此外，乾隆五十九年（1794年）七月二十一日，山西巡抚蒋兆奎（1729—1802年）进『御制福寿图章挂屏一对』，或亦为『宝典福书』『元音寿牒』内容，该贡品同样未被收入内廷。更有嘉庆元年十二月（1796年12月29日—1797年1月27日），时任东阁大学士兼管礼部、户部事务的董诰（1740—1818年）参照借鉴这一模式，从乾隆帝历年御制诗中辑取带有『喜』字的七言诗24句，篆成24方石印章，同样附带印谱，冠以『宝章集喜』之名，作为恭庆乾隆帝禅让退位、嘉庆帝新君登极的贺礼。据《故宫物品点查报告》记载，董诰所进组印及印谱完好放置在养心殿南库的一个木箱内，千字文编号为『昆字一六〇-11』，记作『宝章集喜一册（董诰篆乾隆御制诗句石章二十四方，带漆盒）』。现组印、印谱均收藏于台北故宫博物院，印章文物号为『故杂000441』至『故杂000464』，印谱文物号为『故杂000465』（图二十），盛放印谱的莳绘漆盒文物号为『故漆000353』（图二十一）。

图二十
董诰进《宝章集喜》印谱册页
（台北故宫博物院藏；采自冯明珠、陈龙贵主编：《嘉庆君游台湾——清仁宗文物特展》，台北故宫博物院，2016年，第130、131页）

图二十一
董诰进《宝章集喜》印谱册页及盖盒
（台北故宫博物院藏；采自冯明珠、陈龙贵主编：《嘉庆君游台湾——清仁宗文物特展》，台北故宫博物院，2016年，第129页）

作为中国历史上实际在位时间最久的封建帝王，乾隆帝一生虽丰富驳杂，但整体而言其为人尚比较明爽、坦荡、通透，也能够以一个平和的心态看淡生死。当然，在八旬万寿之际，臣子们变换着花样进献《宝典福书》《元音寿牒》这般充满了福寿双全吉祥意味、又能彰显自己翰藻文德的贡品，还是为乾隆帝所乐见和欣于接受的。乾隆年间特别是乾隆中后期，类似相同内容（多系乾隆帝御制诗文）分别以不同材质工艺品制作表现的情况比比皆是，也可以称得上当时宫中的流行风潮了。

本文旨在对存世『宝典福书』『元音寿牒』系列文物作一全面细致的综述，但因所涉文物主要收藏于故宫博物院和台北故宫博物院，且有不少未曾正式刊布，故笔者只能在搜罗归纳已公布和发表的图片、文章、专著以及尽可能探寻相关资料的基础上加以论述。因条件、学识所限，其中不乏属于推判性的内容或表述不够精准明确之处，如和珅与内府组印印文的实际样貌、三套组印印谱和三套无款缂丝与刺绣印谱的完整样式、金简印谱与墨刻本的具体区别、清宫档案（陈设档、贡档）和《故宫物品点查报告》中所记品种的辨识判别、缂丝与册页的专业术语表达等等，敬希专家学者补充指正。也希望今后能有更多的『宝典福书』『元音寿牒』相关文物展出或出版，让我们得以对这一系列文物有越来越深入的了解和认知。

参考文献：

1. 朱启钤：《清内府藏刻丝书画录》，《美术丛书》四集第一辑，神州国光社，1928年。
2. 台北故宫博物院：《清高宗御制诗文全集》第1—10册，1976年。
3. 赵尔巽等撰：《清史稿》第30、35—37册，中华书局，1976年。
4. 〔清〕阿桂等纂修：《八旬万寿盛典》，《钦定四库全书》，《景印文渊阁四库全书》第660、661册，（台湾）商务印书馆，1986年。
5. 《清实录》第22、25—28册，中华书局，1986年。
6. 古物陈列所编：《内务部古物陈列所书画目录》，《中国历代书画艺术论著丛编》第13、14册，中国大百科全书出版社，1997年。
7. 中国第一历史档案馆、承德市文物局合编：《清宫热河档案》第6册，中国档案出版社，2003年。
8. 中国第一历史档案馆编：《清代中南海档案》第23册，西苑出版社，2004年。
9. 清室善后委员会编：《故宫物品点查报告》第2、5—8册，线装书局，2004年。
10. 段勇：《古物陈列所的兴衰及其历史地位述评》，《故宫博物院院刊》2004年第5期。
11. 单国强主编：《故宫博物院藏文物珍品大系·织绣书画》，上海科学技术出版社、商务印书馆（香港）有限公司，2005年。
12. 中国第一历史档案馆、香港中文大学文物馆合编：《清宫内务府造办处档案总汇》第55册，人民出版社，2005年。
13. 故宫博物院编：《经纶无尽——故宫藏织绣书画》，紫禁城出版社，2006年。
14. 万依、王树卿、陆燕贞主编：《故宫经典·清宫生活图典》，紫禁城出版社，2007年。
15. 铁源、李国荣主编：《清宫瓷器档案全集》第21、22、36、40、48册，中国画报出版社，2008年。
16. 故宫博物院编：《故宫经典·文房清供》，紫禁城出版社，2009年。
17. 朝阳市博物馆编：《龙城宝笈——朝阳博物馆馆藏文物精品》，辽宁人民出版社，2011年。
18. 宁波博物馆编：《福满甬城——故宫博物院藏福文化珍宝展》，内部资料，2013年。
19. 佟悦编著：《清代盛京宫殿藏品录》，现代出版社，2013年。
20. 故宫博物院编：《故宫博物院藏清宫陈设档案》第17、18、20、21、28、34、41—44册，故宫出版社，2013年。
21. 故宫博物院编：《普天同庆——清代万寿盛典》，故宫出版社，2015年。
22. 中国第一历史档案馆、香港凤凰卫视有限公司合编：《清代皇家陈设秘档·静明园卷》第2—11、13、15册，文物出版社，2016年。
23. 冯明珠、陈龙贵主编：《嘉庆君游台湾——清仁宗文物特展》，台北故宫博物院，2016年。
24. 福建博物院编：《寿山石回故乡》，福建美术出版社，2016年。
25. 中国第一历史档案馆、北京市颐和园管理处编：《清宫颐和园档案·陈设收藏卷》第1、5、7、9、10册，中华书局，2017年。
26. 恽丽梅：《乾隆帝『宝典福书』与『元音寿牒』组印》，《清史论丛》2018年第2辑（总第36辑）。
27. 故宫博物院编：《故宫博物院藏青田石》，故宫出版社，2020年。

网络资源：

1. 故宫博物院官网：www.dpm.org.cn
2. 台北故宫博物院官网：www.npm.gov.tw
3. 中国国家博物馆官网：www.chnmuseum.cn
4. 中国第一历史档案馆官网：www.fhac.com.cn

『宝典福书』『元音寿牒』与时代风云

◎杨晶

内容提要：产生于清代乾隆晚期的『宝典福书』与『元音寿牒』，包括组印、印谱及相关织绣册，融合着乾隆御制诗文、印章、织绣等艺文特点。其中，三套组印共720方，是乾隆印玺的重要组成部分；根据印谱延伸制作的相关织绣册，包括缂丝及刺绣等工艺，技法均娴熟细腻，具有鲜明的乾隆朝时代风格。尤其从缂丝的发展角度来看，《宝典福书》与《元音寿牒》缂丝册题材的特殊性，放在整个古代缂丝艺术史上，都堪称独一无二。对这一主题相关文物的深入研究，有助于更好理解缂丝在乾隆晚期发展的盛况，加深对中华优秀传统织绣工艺的认识，帮助促进和增强对缂丝等传统工艺的保护力度。这一系列的织绣册作为最后产生的单独缂丝题材种类，也见证了缂丝在乾隆朝能达到的最后辉煌；而其背后更蕴含了深刻的政治因素，与它关系紧密的当事人，伴随乾嘉政权交替的时代风云，被冲击到矛盾浪潮的最前端。

关键词：宝典福书　元音寿牒　和珅　胡季堂　满汉畛域

『宝典福书』与『元音寿牒』作为一个清代艺文主题，涵盖了组印、印谱及织绣等丰富的艺术要素，有很高的艺术价值。此外，它的产生原因与乾隆、和珅、金简、胡季堂等有密切的关系，因而也被紧紧裹挟在波诡云谲的政治风云中，被刻上深深的政治烙印。

一　『宝典福书』『元音寿牒』组印的概况

（一）『宝典福书』与『元音寿牒』的缘起

乾隆帝生于康熙五十年八月十三日（1711年9月25日），到乾隆五十五年（1790年）时，适逢其八旬万寿，大臣们迎合其祈福长寿之心，精心准备寿礼。和珅、金简从乾隆帝御制诗文中遴选带有『福』『寿』的吉祥词句，分别镌刻成两套印章，即为『宝典福书』与『元音寿牒』组印。以『元音寿牒』为例，『牒』为簿册，『元』意『第一』，『音』指音翰诗文，言其诗文第一，既为祝寿讨彩，又切合了乾隆帝天下至尊的地位。和珅与金简各自进献的两套组印，各为 120 方，分别合计 240 方，均附有印谱，名称亦为『宝典福书』和『元音寿牒』。虽印文相同，但组印材质不同，相应印谱构图等亦不同。后来因乾隆帝非常喜爱组印的创意，清宫内务府又另外制作了一套组印[三]。故而三套组印共计 720 方，但未收录在《乾隆宝薮》中。

时任兵部尚书的胡季堂根据他们的创意，结合自己的资源，采用金简进献组印的印谱稿本，将其制作成缂织册，作为寿礼，进献给乾隆帝。和珅、金简寿礼的特点是将乾隆御制诗文与印章相结合，胡季堂寿礼的特点是更进一步，将御制诗文、印章与缂丝刺绣相结合。而诗文、印章、缂丝这些要素，以往惯为皇帝钟爱，如嘉庆皇帝当时尚为皇子，进献的寿礼即缂丝《三星图轴》。可见，这些臣子寿礼的创意都很巧妙，将『投其所好』发挥得淋漓尽致，寿礼既从纹饰上又从寓意上迎合皇帝喜好，突出祈福祝寿之意。

（二）和珅进献组印的情况

和珅进献的组印，以『元音寿牒』为例，套印盒外用日本高莳绘技法饰仙山楼阁，内饰紫地洒金描金漆山石树林。匣长 53、宽 32、高 23 厘米，匣内分为上下两层。因乾隆很喜欢日本漆盒，故宫博物院现存文物中有很多日本制作或者仿日本漆盒。印石材质以前曾误作寿山石，后根据实际情况更正为青田石。

从印纽来看，均有纽，做工讲究，并随形雕琢。

从印谱情况来看，和珅所献印谱曾藏宁寿宫阅是楼，经过南迁又回归故宫博物院。印谱放于印匣上层印章中间，长 16.2、宽 12 厘米，每开 6 枚印文，一般 3 枚白文、3 枚朱文，也有 4 枚朱文、2 枚白文者，或反之。每个印文旁用墨书写印文内容，印谱各 20 开，前后另有 2 开洒金纸，印谱最后有『臣和珅恭集敬篆』，钤『臣』『和珅』印文。其中，《宝典福书》印谱曾有严重损伤，印谱长期呈散状，后被修复。

（三）金简进献组印的情况

金简进献的组印为铜镀金材质，较重，60 方一匣，装为 4 匣，进献的原印匣已无，木匣均为现代后配。组印均有纽，多为回文纽、桥纽。

从印谱情况看，曾藏于古物陈列所（前三殿）中，未参与南迁。共 17 开，长 30、宽 15 厘米，印谱为磁青纸泥金印文，每个印文旁用泥金书写印文内容。第一开有隶书 4 字，第 17 开有『万寿八旬大庆乾隆庚戌元旦乾隆句敬篆』『臣金简恭集』，钤『臣简』『敬事』印文。印谱每开 8 个印文，一般上 4 个为朱文，下 4 个为白文，但为构图更加美观谐调的原因，排版上会略微进行调整，如《宝典福书》第 13 开上方的『贞符首庆福吾民』

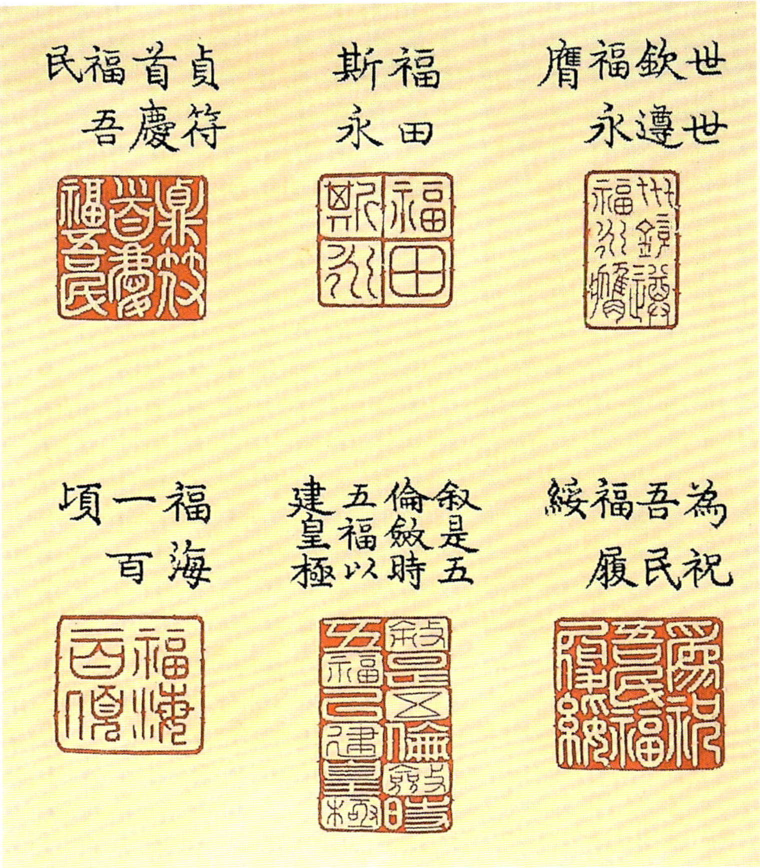

图一 『贞符首庆福吾民』与『福海一百顷』两方印章及释文上下位置互换

与下方的『福海一百顷』上下予以互换，避免下方构图过紧，这从天津市文物交流中心所藏缂丝册相应可以看到（图一）。

（四）清宫制作组印的情况

清宫制作的组印共4匣，每匣60方。分为两组，每组120方，一组材质为青田石，另一组材质为青田石及寿山石。配有紫檀木匣2匣，原2匣残缺后配，如其中『元音寿牒』印配紫檀木雕松石吉祥纹匣，长50、宽39、高27厘米。印匣尺寸基本相同，印分置于上下两层，每层30方。这套组印无论从材质还是做工上，与和珅、金简进献的组印都有一定差距，相对简单，青田石无纽光素，红寿山石光素随形，均无纽。在2016年9月到2017年初，这套组印中的60方寿山石曾借展到福建博物院，参加『寿山石回故乡』展览。

从印谱情况看，也是册页形式，但《宝典福书》仅存上册，《元音寿牒》有上下册，每册60枚，长19、宽10厘米，无落款。共15开，每开4枚，前辅页有洒金，每个印文旁用墨书写印文内容。印谱两上册均缺封底，册无匣。这套印谱起初仅为故宫书画部碑帖库资料，藏于北五所的古董房，历经南迁又回归故宫博物院，后被提升为文物。因此，这套组印与印谱藏于故宫博物院不同库房。

（五）三套组印及印谱的部分异同

乾隆皇帝的很多印玺都是多件为一套，储以印匣，而且质地多变。『宝典福书』『元音寿牒』组印正是这一类中的突出代表，非常特别。三套组印印文内容及篆法均基本相同，排列顺序不一致，且具体印文在细节上略有不同，如『善作心田福自中』『福田斯永』两方，和珅印谱与金简印谱边框有细微差别，

图二 『五福敷锡』印章中双龙戏珠纹环拥文字

故宫博物院藏织绣册与天津市文物交流中心藏织绣册均严谨依照金简稿本制作。

再如和珅《元音寿牒》印谱含阳文59方，阴文61方，而金简《元音寿牒》印谱为阳文61方，阴文59方，即『共迓天恩而益寿』与『其寿端由在朴间』两方的阳文阴文不同。

三套组印的印文数从4字到13字不等。印章形状非常丰富，不仅有方形、长方形、葫芦形、椭圆形等常规状，亦有外方内圆形、双钱形、不规则形等，天津市文物交流中心藏缂丝册『五福敷锡』一方，图文并茂，总体长方形，内部左右长龙各一，围绕中央印文，对称戏珠（图二）。

以前故宫博物院曾经出版过和珅进献的套印，金简的没有出版过。三套组印由于排列顺序不同，进而形成印谱构图的不同，难免有所比较。像故宫博物院曾于20世纪80年代根据金简进献印谱进行复制并限量销售；胡季堂的缂丝寿礼，也是选择金简进献的印谱作为稿本进行后续制作。胡季堂之所以采取金简印谱，也应有技术上的考量，缂丝因为工艺细节的限制，很难在细节的局部精微刻画，而金简印谱比和珅印谱的尺寸大了将近一倍，印谱设计大方典雅，边框纹饰精美，明显更加适合缂丝进行艺术表现。

二 国内『宝典福书』『元音寿牒』相关藏品的分布概况

（一）国家文物局综合行政管理平台的统计数据

国内『宝典福书』『元音寿牒』分布情况如下表（表一、二）。

表一 『宝典福书』分布情况（据国家文物局综合行政管理平台的统计数据）

序号	藏品名称	藏品类别	藏品年代	收藏单位
1	清御制宝典福书卷	书法、绘画	清	北京艺术博物馆
2	缂丝加绣宝典福书册	织绣	清	故宫博物院
3	缂丝宝典福书册	织绣	清	故宫博物院
4	绣宝典福书册	织绣	清	故宫博物院
5	缂丝宝典福书册	织绣	清	故宫博物院
6	宝典福书	碑帖拓本	年代不详	故宫博物院
7	缂丝御制句宝典福书册	织绣	清	故宫博物院
8	清金简集乾隆御制句敬篆『宝典福书』	书法、绘画	清	辽宁省朝阳博物馆

表二 『元音寿牒』分布情况（据国家文物局综合行政管理平台的统计数据）

序号	藏品名称	藏品类别	藏品年代	收藏单位
1	元音寿牒	碑帖拓本	年代不详	故宫博物院
2	缂丝元音寿牒册	织绣	清	故宫博物院
3	缂丝御制句元音寿牒册	织绣	清	故宫博物院
4	元音寿牒	碑帖拓本	年代不详	故宫博物院
5	缂丝加绣元音寿牒册	织绣	清	故宫博物院
6	缂丝元音寿牒册	织绣	清	故宫博物院
7	绣元音寿牒册	织绣	清	故宫博物院
8	《元音寿牒》拓本	碑帖拓本	清	中国国家博物馆

表三　福书寿牒的收藏单位（据表一、二数据整理）

收藏单位	藏品
北京故宫有多套	两本的碑帖拓本一套
	两本的缂丝加绣印谱一套
	两本的绣册一套
	两本的缂丝册有三套
	单独《元音寿牒》的碑帖拓本一件，形制未知
朝阳博物馆有一件	定名清金简集乾隆御制句敬篆『宝典福书』，归类为书法绘画。从出版记录看，形制为手卷
北京艺术博物馆有一件	清御制宝典福书卷，归类为书法绘画，未查到出版记录
中国国家博物馆有一件	定名《元音寿牒》拓本，形制未知，应亦为一套的散佚

根据国家文物局博物馆与社会文物司的这个统计，整理如表（表三）：

值得一提的是，台北故宫博物院亦藏有一版《天章演范宝典福书》册，采用的是金简印谱稿本。另外，天津市文物交流中心亦收藏有一套完整的缂丝《宝典福书》《元音寿牒》册，也是以金简印谱为稿本。之所以天津市文物交流中心的这套缂丝册没显示在表一、表二的数据中，可能与第一次全国可移动文物普查过程中，它们以入库时原定名『缂丝印章册』上传有关，未能体现出『宝典福书』『元音寿牒』这两个关键要素。

（二）以上藏品的简要情况

1. 故宫博物院藏品

故宫博物院的两本缂丝加绣册，中间经折线分明，为经折装，前后各有2开黄色洒金绢，分别有过出版著录，即在《故宫博物院藏文物珍品大系·织绣书画》一书中，著录过《宝典福书》册；在《经纶无尽——故宫藏织绣书画》一书中，著录过《元音寿牒》册。

依其记载，《宝典福书》册缂织、刺绣印谱，纵29、横30厘米，共17开，含印文120方，均配楷书释文。首开缂织隶书『宝典福书』，末开缂隶书款『万寿八旬大庆乾隆庚戌元旦臣胡季堂恭进』，缂『臣胡季堂』『敬摹』印。与《元音寿牒》册共装于木雕龙纹匣中，匣盖上书『福寿鸿文臣胡季堂恭进』。每开缂蝠（福）、桃（寿）、云和『卍』字纹边框。白文印均为缂织，运用平缂、构缂、搭缂等技法。朱文印大部分为刺绣，均用切针。有『宝蕴楼藏』鉴藏印，《清内府藏刻丝书画录》亦有著录。

《元音寿牒》册说明中，未提为缂丝加绣，但以其尺寸、风格、样式等各要素对比，正是上文所述与《宝典福书》册共装一匣者。据其记载，纵29、横30厘米，共17开，清宫旧藏，粉色地，采取平缂、构缂、搭缂等技法。册首墨缂隶书『元音寿牒』，边框用三蓝缂松、鹤、云、『卍』字纹。墨缂楷书释文，朱缂红白印章。装饰素洁雅淡，印文疏朗清晰，线条流畅。

朱启钤《清内府藏刻丝书画录》中，关于宝元二册的记述有两个。

第一个记述：

清缂丝胡季堂进《宝典福书》及《元音寿牒》二册，三彩边，素地缂丝，分刻朱白文印章，每方均有黑字楷书释文，册各十六页，末页隶书题『万寿八旬大庆乾隆庚戌元旦臣胡季堂恭进』。计4行。印2，『臣胡季堂』『敬摹』白朱文各一方。两册同引首，隶书，第一册《宝典福书》，第二册《元音寿牒》，高八寸九分，强广九寸四分，古物陈列所书画目录附卷第一，热河行宫藏，现存宝蕴楼。

第二个记述：

清缂丝胡季堂进《宝典福书》及《元音寿牒》二册，三彩边，米色地缂丝，分刻朱白文印章，每方均有黑字楷书释文。册各十六页，款『臣胡季堂恭进』，两册同引首隶，第一册《宝典福书》，第二册《元音寿牒》，高九寸一分，广九寸九分，古物陈列所书画目录附卷第一，热河行宫藏，现存宝蕴楼。

从朱启钤的记载看，至少有两套织绣印谱有胡季堂署款。

在故宫博物院的五套织绣印谱中，其他未知是否署款，其制作稿本目前来看也是采用金简所献印谱，其中有风格样式与天津市文物交流中心藏品基本相同者，疑为同批所出。恽丽梅老师在相关文章中提及：『特别要说明的，故宫现还收藏时任兵部尚书胡季堂制作的缂丝「宝典福书」和「元音寿牒」印谱五份，都为其遗用巧匠以织绣方式制作。』[2]但文中未具体说明五份是否均有胡季堂署款，依据为何。

2. 天津市文物交流中心藏品

此藏品外部由明黄色云纹暗花缎册页套包裹（图三），形式为横开蝴蝶装册页，有的部分因黏胶脱落而成散装，包括外缘尺寸是27.5厘米×29.3厘米，画芯部分为23.5厘米×25.7厘米。册页面为硬板，紫檀木材质，表面磨光上蜡，取其木质原色，颇为华贵；题签分别镌刻隶书『御制句元音寿牒』『御制句宝典福书』于其上，字面涂石绿，更显高雅（图四）。

以《元音寿牒》册为例，第一页为隶书『元音寿牒』四个大字，余下15页格式统一，均上下对称布局，合计朱白文印章8方，配以楷书释文，总计印章120方。全册共16页，边框花纹一致，四角松枝，四边为仙鹤、『卍』字纹及云纹，其中，松枝与鹤身局部为绘制。《宝典福书》册的布局与之相同，亦总计印章120方，区别在边框花纹，四角为寿桃及五六片桃叶，四边为朱蝠、『卍』字纹及云纹。其中，桃叶、桃身及蝠身局部有绘制补笔（图五）。

图三
包覆两册页的明黄色云纹暗花缎册页套

图四
《宝典福书》册封面紫檀木板上书『御制句宝典福书』

图五
《宝典福书》册边框花纹中桃身、桃叶部分的缂丝加绘

3. 朝阳市博物馆藏品

根据李治亭先生主编的《关东文化大辞典》[3]记载，1982年12月于朝阳市文物店收购。纵31、横419厘米，长卷，纸本。题签为隶书『御制宝典福书』六字。包首绣变形小梅花鹿、云纹、松树、海水、阳光等。卷面四周绘蝙蝠、寿桃、云纹等，形成边框纹饰，内为阴刻、阳刻印章，印章上方用楷书书写印章内容。第一幅为『宝典福书』四个隶书大字，第十七幅书写『万寿八旬大庆乾隆庚戌元旦』十二个隶书大字，其他15幅每幅均为带福字章句，每幅8条，共120条。最后有两小款，上为『御制敬篆』，下为『下臣金简恭集』，后钤一方阴文『臣简』、一方阳文『事敬』。辞典中的这些记述显示正与金简献给乾隆皇帝的寿礼印谱相符，是宝典福书印谱的手卷版本。

这件文物还收录于《龙城宝笈——朝阳博物馆馆藏文物精品》[4]一书。在《朝阳历史与文物》[5]一书中也提及一些相关信息：此卷原为清宫藏品，被末代皇帝溥仪带到东北，散落于民间，1982年在凌源征集；纸本，纵28.3、横415厘米；黄色锦裱纸封签题『乾隆御制宝典福书』。不同记载中的尺寸不同，可能是丈量误差。

其他如北京艺术博物馆与中国国家博物馆的相关藏品，没有著录，详情未知。

虽形制不同，台北故宫藏金简集篆《宝典福书》，与故宫博物院缂丝加绣《宝典福书》以及天津市文物交流中心收藏版的排版相同，即稿本一致。只是在故宫博物院版中的款识为『胡季堂恭』，台北故宫博物院版为『金简恭集』，印章自然亦不同。

纵观以上各处藏品，形制有册页有手卷，既有如故宫博物院缂丝加绣册页那样的经折装，也有天津市文物交流中心这样的蝴蝶装，既然『宝典福书』有手卷形制印谱，『元音寿牒』大概率也有。如此丰富的形制，足以说明乾隆皇帝的喜爱程度，便于陈设各处，供其随时赏玩。

三 寿礼背后潜藏的深切政治因素

和珅、金简、胡季堂，三位都是乾隆朝后期的重臣，与『宝典福书』『元音寿牒』有密切关系。给乾隆帝进献寿礼是表面，固然有博取圣宠之因，但也存在着其他一些更为复杂的政治因素，隐藏在深处，不易为人所知。

（一）进献『宝典福书』『元音寿牒』作为寿礼前的合作基础

三人共筹庆典，在进献寿礼一事上有合作，并非突如其来，此前已有共事基础。

乾隆四十八年（1783年）四月初，刘墉曾和王杰、曹文埴、彭元瑞、金士松一起值懋勤殿，随后又奉派与福隆安、和珅、胡季堂、金简、德成一起督办内廷换琉璃瓦事宜。

> 乾隆四十八年（1783年），癸卯，夏四月，甲申……谕，内廷宫殿易换琉璃瓦工料等事，著派福隆安、和珅、胡季堂、刘墉、金简、德成督办。……又谕，西直门等处石道，除总理工程大臣和珅、金简外，著再派胡季堂、德成一同办理[6]。

> 乾隆五十二年（1787年），丁未，七月，辛巳，谕，据德成奏，京通各仓收兑、新漕之际，易滋弊端。派员前往分查有新旧相掺及虫蛀之米。……有误回空，况胡季堂、金简，与德成俱系查仓大臣，若通仓收米，果有弊窦，胡季堂、金简岂有不联衔具奏之理。……且朕之信德成，亦在胡季堂金简之次。……壬午……胡季堂、金简与德成俱系查仓大臣，若通仓收米，果有弊端，岂有不联衔具奏之理……将此传谕胡季堂、金简，令其将何以既不会衔又不劝阻参劾之处，据实覆奏[7]。

在乾隆关于万寿庆典的提前部署上，三人都是皇帝亲自指定的庆典执行官。

> 乾隆五十三年（1788年），戊申，三月……丙子，谕，上年八月，王公大臣及直省将军、督抚大吏等，以乾隆五十五年朕八旬万寿，吁请举行庆典……典礼甚钜，若不专派大臣董理其事，恐承办之员未喻朕意，仍不免踵事增华，致滋繁费，非所以体朕嘉与诸臣效诚献悃之心也。所有五十五年万寿庆典各事宜，著派阿桂、和珅、刘墉、福长安、胡季堂、金简、李绶、伊龄阿总办，以期经理得宜，用光钜典[8]。

（二）和珅对金简的拉拢

从『宝典福书』『元音寿牒』组印的印章材质来看，明显是和珅的用材更讨乾隆欢心，更迎合到乾隆的文人心态。和珅向来在揣摩乾隆心理方面极其到位，故此寿礼创意出自和珅的概率较大。而和珅肯将寿礼创意和金简共享，其出有因。

金简（?—1794年），字可亭，其族为朝鲜后裔，初隶内务府汉军。他的一位姐妹，从潜邸即侍奉于乾隆帝，为淑嘉皇贵妃，虽早逝，为乾隆育有皇四子永珹、皇八子永璇、皇九子及皇十一子永瑆。朝鲜使节出使中国，亦会托金简帮忙疏通。祝贺乾隆八十大寿的朝鲜使节徐浩修就说，金简『前后效劳于我国事甚多』。

金简在乾隆中授内务府笔帖式，累迁奉宸院卿。乾隆三十七年（1772年），授总管内务府大臣，后监武英殿刻书，充四库全书副总裁，专司考核督催。历任户部侍郎、镶黄旗汉军副都统、工部尚书、镶黄旗汉军都统、吏部尚书等职务。在京局鼓铸裁卯、武英殿监刻、纂四库荟要、盛京察平允库项亏短、奏定盛京银库章程、疏浚卢沟桥水道、修葺明陵、发遣安南国王归国、在京接待英国马戛尔尼使团等诸多事宜上勤勉用心，贡献颇力，如他所创造的武英殿聚珍本的方法流程，后被编辑为《武英殿聚珍版程式》一书。金简于乾隆五十九年（1794年）卒于任上，乾隆帝赐谥『勤恪』。『论曰：金简起戚畹，所论铸钱、葺明陵，及黎维祁乞归国，并关国故，故比而次之』[9]。嘉庆初，仁宗命其族改入满洲，赐姓。

如此能吏，历任要职，金简在乾隆朝后期政治地位极高。朝鲜使臣李泰永在乾隆五十年（1785年）给国王正祖的报告中说：『工部尚书金简亦以戚畹，恩宠甚赫，赐与便蕃，为和珅之亚。』从这一角度上看，和珅将寿礼创意分享给金简，即为合情合理。而金简与之共享寿礼创意，印章用材取铜镀金，颇耐寻味，仔细思量略逊一筹，但不易出错，未夺和珅印石之辉，亦能讨彩，是为守拙求进之法。铜镀金材质，符合帝王的身份以及乾隆外露的华丽审美，青田石清丽质朴，兽纽精工，更与皇帝内心文人自诩深深切合。寿礼材质小事，关乎多少政治深思。因筹办庆典有功，进献礼物深得帝心，和珅很快得以加官进爵。

（三）胡季堂的寿礼创意及为官之道

1. 胡季堂与苏州缂丝的渊源

胡季堂（1729—1800年），字升夫，号云坡，河南光山人，系前礼部侍郎胡煦之子。历任顺天府通判、刑部郎中、甘肃庆阳知府、甘肃按察使等，后调江苏按察使。乾隆三十九年（1774年），擢刑部侍郎。四十四年，迁尚书。在刑部任职期间，能秉公断案。后署理山东巡抚，逢灾荒时，能上疏皇帝请求将本省的漕米拿来用以赈灾，安抚百姓。回到京师任兵部尚书后，曾上奏嘉庆帝，陈述自己对白莲教起义军的镇压主张，得到嘉庆帝的采纳；抓到盗匪亦不邀功，而是据实上报。嘉庆五年（1800年），胡季堂因病乞求解职，同年病故，终年七十二岁。朝廷追赠太子太傅衔，谥号『庄敏』。《清史稿》评论他：『季堂论治教匪，后来坚壁清野之议，已发其端。我有先正，言明且清，诸臣所论列，足当之矣。』[10]

胡季堂精通文史哲学，擅长书画，他在苏州任职三年期间，广结宾朋。以其《培荫轩诗文集》为例，由很多记载可以看到，他不仅广结汉族士人，与满族官员关系也非常好，如诗集中多次记他与『增履庵方伯』『舒尚衣䌹斋（斐章）』等一同游览胜迹、联句作诗[11]。『增履庵方伯』是江苏布政使增福（生卒不详），号履庵，满洲镶蓝旗人。乾隆三十七年（1772

年）调补江苏布政使，四十四年出任福建巡抚。『舒尚衣』是舒文，字斐章，号絅斋，在乾隆三十三年至三十五年（1768—1770年）曾任江宁织造，从乾隆三十五年到四十三年（1770—1778年）任苏州织造，在他离苏后，亦常与二人写信寄诗，如胡在《邗上舟次答舒絅斋尚衣寄怀原韵》一诗中写道：『三载黯然思，一朝跫然喜。那知金阊门，咫尺难洄止。』[12]即在四十二年（1777年）四月，时任刑部左侍郎的他被派往江苏兴化县审理案件，时已离苏三年，舒文得知其南下赴苏后，特意来信问候，胡季堂亦表达了老友不能相见的遗憾，足见二人在苏州供职期间形成的友谊之深。

胡季堂既与舒文交谊至斯，对苏州织造局内诸技艺亦必熟稔，以乾隆对缂丝之喜，对苏州织造局派件之繁，一定给胡季堂留下了非常深刻的印象，势必在适合的时机触发缂丝寿礼之意。而在乾隆五十四、五十五年时，舒文恰在总管内务府大臣任上。胡季堂与汉满官员的关系都能处好，说明其注重维持与同僚关系，为官之道稳妥，这一特点也深深反映在他与和珅的相处过程中。

2. 胡季堂与和珅的『和而不合』

和珅与金简共用寿礼创意，有他拉拢金简之意。胡季堂想在他们创意的基础上改进，成全自己的寿礼思路，无论如何避不开和珅与金简的允可。他在缂丝印谱稿本的选择上审慎甄别，最终选择金简印谱，固然有印谱本身美观度更胜的因素，也恰是他在政治态度上的一种选择。金简身为朝鲜后裔，代表的是一种中坚力量，和珅则是满族顶层权势的代表，故而，选择金简印谱更为稳妥取巧，既不与自己一向的处世原则及从政风格冲突，与和珅走得过近，又能维持与和珅、金简间表面上的一团和睦，避开皇帝非常敏感的党争问题，并能取悦皇帝，一举多得。

联系到前文所述，三人有共事基础，面上是和谐友善的关系。和珅允可胡季堂的创意共享，亦有一点拉拢之意。除开胡季堂本人位高权重，其父胡煦，儒学造诣颇深，得康熙皇帝赏识，提为南书房检讨官，康熙五十五年（1716年）升鸿胪寺卿，雍正五年（1727年）任兵部侍郎，八年任《明史》总裁之一，入值尚书房（当时的皇子读书之所，即为乾隆继位前的老师），九年转礼部右侍郎。孙文良先生在《乾隆帝》中提道：『乾隆的师傅先后有十余人之多，著名的有：福敏、朱轼、张廷玉、徐元梦、嵇曾筠、鄂尔泰、胡煦、蒋廷锡、顾成天、蔡世远、梁章钜、邵基等人。』[13]胡季堂有深厚的家庭背景，是很有代表性的汉人高阶官员，和珅做个顺水人情，再正常不过。

这样的胡季堂，却在嘉庆帝扳倒和珅的过程中，发挥了重要作用。

嘉庆四年（1799年），乾隆驾崩，嘉庆帝亲政，处理的第一件实政就是惩治乾隆帝宠臣和珅，而要彻底扳倒权倾天下、党羽遍布朝野的和珅，必须有足够的证据，故而诏谕各省督抚速将和珅罪行上奏。时任直隶总督的胡季堂因早有准备，当即书写奏折，详细列举了和珅逾制、大量兼并平民土地、在蓟州清苑等地开设当铺和银号、纵容家人刘全等在各地逼收地租、滥杀无辜、巧取豪夺、卖官鬻爵等罪状。在全国各省的督抚中，他是第一位参劾并提供了大量和珅贪腐罪证的封疆大吏。这说明，和珅如日中天的时候，胡季堂一心做自己的官，适当与和珅保持距离，兢兢业业，但在任期内，时刻关注着和珅的一举一动，在管辖范围内，留意把因和珅缘故而发生的变动记录下来，积少成多，水到渠成，方能在嘉庆扳倒和珅的关键时刻及时出手，有理有据，很好地顺应了时势。

在后续如何处置和珅时，胡季堂提出了对和珅的处理意见：『请依大逆律凌迟处死。』嘉庆皇帝收到其奏章后，立刻发给朝臣讨论。这实际上是以胡季堂的奏章为蓝本，定下了惩处和珅的基调。朝臣们讨论后，嘉庆皇帝只是将『凌迟处死』改为『赐其自尽』。

（四）胡季堂弹劾和珅表象下的朝堂深层政治矛盾

1. 大时代下的满汉矛盾冲突

乾隆时期，吏治腐败，党争惨烈，前期有鄂尔泰和张廷玉间朋党之争。在乾隆六年（1741年），鄂张党争公开化，直至乾隆二十年张廷玉去世，乾隆遵照雍正遗诏令其配享太庙。但三年后，在修订张廷玉《乐山堂全集定本》时，乾隆执意要把自己当年颂扬张廷玉的文章《送张先生暂假归里序》删去，足见其内心对此前鄂张党争的耿耿于怀。

《缂丝乾隆御笔君子小人论卷》摹缂自乾隆帝于四十八年（1783年）所作的御制文，他在其中告诫臣子摒弃门户朋党之争，以避『祸延及国家』。其开篇即言：『君子小人之名见于《易》而论于《书》，其界不可不明，而其迹则不可不慎也。』『门户朋党，纠若棼丝。小人之害，君子固不必言，而君子且有操室中之戈者。』明清时期君主专制空前加强，帝王乾纲独断，臣工结党则掣肘皇权，是为帝王之忌。如若朋党无法避免，君主亦可能转而成为操偶者，使其相互牵制掣肘，为己所用。

乾隆晚期的党争，是前期鄂张党争也即满汉官员之间的诸多矛盾发展的延续。乾隆之前的统治者很注意团结汉人，并善用汉族文化，如顺治帝就曾称自己在对待官员上『不分满汉』。但随着时代发展，各种社会矛盾逐渐激化，不可避免都与其『首尊满洲』的基本国策有关，即虽然满族统治者不断吸纳汉族和其他民族成员参与统治，但始终将满族尤其是满族贵族列为统治核心，地位特殊而尊贵，因此形成长期的满汉畛域，从狭义上表现出来的就是满族贵族与汉族士大夫之间的利益冲突与争夺对抗。

到了乾隆时期，对比于数量庞大且文化优越的汉人，满族人汉化的趋势加快，自我认同进一步降低。乾隆注意到了这种现象的存在，为避免整体汉化，他采取了相应措施，力图延缓这个进程，以巩固满族人地位。首先，规束生活习俗方面，在皇十一子永瑆私取别号『镜泉』时，乾隆特地召集大学士及军机大臣训责，先提及自己号『长春居士』为雍正所赐，再谈『所关于国运人心良非浅显，不可不知儆惕』[14]！在乾隆二十年（1755年）五月，『降谕八旗满洲，须以清语骑射为务，不再学文。如有与汉人互相唱和，较论同年，行文往来者，一经发觉，决不宽贷』[15]。其次，官员任用方面，在大政策上向满族人进行倾斜，保持满族占要缺的优势，甚至原本由汉人所占官缺也逐渐由旗人甚至直接由满族人顶缺补放，包括在中央层面上重点选拔阿桂、福康安、和珅。出于自己综合利益的权衡，乾隆对和珅多所提拔倚仗。在此局面下满族官员权重，下辖汉族官员只处理一些具体政务，这种不和谐关系进一步激发矛盾，满族官员易贪懒，汉族官员易消极推诿。

但时代趋势的发展，不以个人为左右，恰恰以乾隆本人为代表，沉浸在汉文化中不能自拔。乾隆自诩文人，好文房之雅，喜文以载道，甚至还『屡衣汉服』，留下很多绘画作品实证，著名的如：佚名绘《弘历古装行乐图》，郎世宁绘《弘历雪景行乐图》《弘历岁朝行乐图》等。皇帝都难免汉俗之浸润和熏染，自然更引起臣下官民在感情上和行动上的巨大反响，以致诱发满人『下效』之举而争趋汉习。

2. 和珅对满汉矛盾的激化

据《清史稿》记载：和珅，钮祜禄氏，满洲正红旗人。少贫，乾隆四十年（1775年），擢御前侍卫，授户部侍郎，命为军机大臣，兼内务府大臣。后授领侍卫内大臣，充四库全书馆正总裁，兼理藩院尚书事，宠任冠朝列矣。乾隆晚期本已各级官员贪腐，中央财政入不敷出。如此地位的和珅，对满汉矛盾的处理却难以言喻。

四十六年（1781年），和珅用是衔阿桂，终身与之龃龉。

四十七年（1782年），御史钱沣劾山东巡抚国泰、布政使于易简贪纵营私，命和珅偕都御史刘墉按鞫，沣从往。和珅阴袒国泰，后国泰等罪皆鞫实。……言官惟钱沣劾其党国泰得直，后论和珅与阿桂入直不同止直庐，奉命监察，以劳瘁死。

五十一年（1786年），御史曹锡宝劾和珅家奴刘全奢僭，造屋逾制。和珅亦预使刘全毁屋更造，察勘不得直，锡宝因获谴。

朱珪旧为仁宗傅，在两广总督任，高宗欲召为大学士，和珅忌其进用，密取仁宗贺诗白高宗，指为市恩。高宗大怒，赖董诰谏免；寻以他事降珪安徽巡抚，屏不得内召[16]。

从这些记载可以看到，和珅不但与汉族官员钱沣、朱珪、曹锡宝等都产生矛盾跟仇怨，与阿桂这样的顶级满族官员也分歧甚深。『和珅柄政久，善伺高宗意，因以弄窃作威福，不附己者，伺隙激上怒陷之；纳贿者则为周旋，或故缓其事，以俟上怒之霁。阿桂卒，益无顾忌，於军机寄谕独署己衔。』发展到这样的程度，不仅招致满族和汉族官员的愤怒，还可能威胁到下任帝王的皇权。和珅受乾隆提拔重用，又依赖于乾隆的皇权，无可避免是在嘉庆皇帝的对立面。因此，随着乾隆皇帝的离世，和珅只能步其后尘，人生谢幕。

胡季堂逝于嘉庆五年（1800年），推倒和珅是其人生最后的重要任务。无论和珅还是胡季堂，都是满汉矛盾发展中的一员，只不过，他们站在了最前面的风口浪尖，这是一次汉族人对满族人争权的胜利，汉族官员的上位，争取权力和利益的重新分配，是任何个体阻挡不了的历史洪流。乾隆自己对汉文化的沉湎正说明了这种趋势的不可逆，恰是在他统治的后期乃至于去世的重要节点，有力推动了这个王朝与汉文化的更深融合。此后，嘉庆调整政策，大量重用汉族官员，后者的活动舞台日益加大，带动王朝持续汉化。满汉矛盾是清王朝本身的固有症结，无论满汉关系如何调节，无法改变继续深化的种种社会问题，拦不住它衰落的历史进程。

结语

『宝典福书』与『元音寿牒』相关文物的出现，在合适的时间由合适的人触发启动，有鲜明的政治功能，体现出的艺术要素都系皇帝所喜，昭显帝王的文人色彩和时代风尚。它所蕴含的艺术要素从印章、印谱、摘录的御制诗文、装帧，到织绣册中的缂丝与刺绣不等，合谐统一，融合自然，相映成趣，并持久闪耀中华民族优秀传统文化的璀璨光华。尤其从清代缂丝发展角度看，以印谱为稿本的相关织绣册在题材的开创性与唯一性上，有极高的艺术价值。

因为一手促成它们出现的那些人，注定它们不仅仅是乾隆八旬的寿礼，更承载着说不尽的政治思虑和角逐权衡，裹挟在时代风云中，见证了纷繁尖锐的政治斗争以及交锋中那些潮头者的起落人生。历经跌宕，那些纷纭的人事早已尘埃落尽，但通过这些相关文物回眸，仿佛依稀还见岁月过往的变幻激荡、代谢穿梭。触手其上，那份政治价值依然沉重。

主要参考文献：

1. 恽丽梅：《明清帝后印玺》，故宫出版社，2020年。
2. 单国强主编：《故宫博物院藏文物珍品大系·织绣书画》，上海科学技术出版社、商务印书馆，2005年。
3. 故宫博物院编：《经纶无尽——故宫藏织绣书画》，紫禁城出版社，2006年。
4. 恽丽梅：《乾隆帝『宝典福书』与『元音寿牒』组印》，《清史论丛》2018年第2辑。
5. 恽丽梅：《从乾隆帝宝玺观其艺术品位》，《清史论丛》2016年第2辑。

注释：

[1] 恽丽梅：《明清帝后印玺》，故宫出版社，2020年，第127页；恽丽梅：《从乾隆帝宝玺观其艺术品位》，《清史论丛》2016年第2辑。

[2] 恽丽梅：《乾隆帝『宝典福书』与『元音寿牒』组印》，《清史论丛》2018年第2辑。

[3] 李治亭主编：《关东文化大辞典》，辽宁教育出版社，1993年，第765页。

[4] 朝阳市博物馆编：《龙城宝笈——朝阳博物馆馆藏文物精品》，辽宁人民出版社，2011年。

[5] 朝阳市博物馆编：《朝阳历史与文物》，辽宁大学出版社，1996年，第211页。

[6][7][8][14]《乾隆朝实录》，卷一千一百七十九、一千二百八十五、一千零三百、七百六十。

[9][10][16]《清史稿》卷三百二十一，列传一百〇八；卷三百二十四，列传一百一十一；卷三百一十九，列传一百〇六。

[11] 胡季堂：《培荫轩诗文集》诗集卷一，《除夕前二日增履庵方伯招同舒尚衣（斐章）保参戎砺堂游灵岩至高义园作》《冬至雪后五日增履庵方伯招同舒尚衣絅斋保参戎砺堂宴集虎丘寺后山即席联句》等。

[12] 胡季堂：《培荫轩诗文集》诗集卷二。

[13] 孙文良：《乾隆帝》，吉林文史出版社，1993年，第20页。

[15]《清鉴易知录》，北京古籍出版社，1987年，正编九。

辉煌中的绝响

——天津市文物交流中心藏清乾隆缂丝《宝典福书》《元音寿牒》册艺术特点剖析

◎杨 晶

内容提要：近年来，含缂丝在内的织绣类文物日益成为各类展览拍卖的热点，天津市文物交流中心的缂丝类书画藏品，以乾隆时期《宝典福书》《元音寿牒》册最具代表性。通过将其与同主题故宫博物院缂丝加绣册的对比，以及对其自身技法特点深入剖析，能提升和促进对缂丝这一中华优秀传统工艺的认知和宣传，并借助对此藏品的研究，以点及面，带动本中心缂丝类文物的全面研究，加强保护力度，提高文物的研究深度和活用水平。

这套缂丝册，缂绘结合，典雅富丽，具有鲜明的乾隆时期风格，技法娴熟细腻，融合了乾隆御制诗文、印章、织绣等艺文特点，由于题材的特殊，在整个古代缂丝书画艺术史上具有开创性与稀缺性。

关键词：缂丝　宝典福书　元音寿牒　乾隆　缂绘结合

缂丝作为中国蚕桑丝织技艺的一部分，早在2009年就已入选世界非物质文化遗产。它是中国织绣门类中的杰出代表，与中国传统绘画息息相通但又特性鲜焕，艺术境界深邃踏实，灵动温婉。天津市文物交流中心的缂丝书画收藏品主要集中于清代，其中以《宝典福书》与《元音寿牒》册为突出代表，是乾隆晚期缂丝书画佳作。

一　缂丝与天津市文物交流中心藏清乾隆缂丝《宝典福书》《元音寿牒》册概况

（一）缂丝工艺的特点

缂丝，是中国传统丝织工艺中的特殊类别，虽为平纹织物，但区别于其他刺绣、织锦等通经通纬的织造方式，纬线并不横贯全幅，而是局部挖花，遇到不同颜色时，『先留其处』，用许多木质小梭，按照纹样分不同色块进行缂织，通经回纬，中间不断变换色丝，因而在不同色块相交的边界，透光观察可见点点孔隙，仿如雕琢镂刻的效果，故又称刻丝、克丝、剋丝等。在宋人庄绰《鸡肋编》、宋人洪皓《松漠纪闻》、宋末元初周密《齐东野语》、元末明初陶宗仪《辍耕录》、明代张应文的《清秘藏》、明代曹昭《格古要论》、清代《存素堂丝绣录》等著作中，都有记述，称谓虽不同，音义相通，说的都是同一工艺。明汪汲《事物原会》引《名义考》谓：『剋、克、刻三字皆读此音，缂丝之缂当作缂也。』故统称缂丝。日本则称其为『缀锦』『明缀』。

缂丝工艺所需的工具比较简单，产生至今几无变化，即有平纹织机、拨子、木质小梭、移筒、竹筘、毛笔、撑样杆、撑样板、剪刀等。制作流程包括织机准备、画样、织造、收尾等。以织机准备为例，具体细节又分牵经线、套筘、弯结、嵌后轴经、拖经面、嵌前轴经、捎经面、挑交、打翻头、箸踏脚棒、扪经面等。

经线是缂丝的筋骨，要求质地坚韧，一般为生丝，也有用熟丝的，因经线原料质地的不同，形成织物的手感也不同，生经线含丝胶，质地挺括，而熟经线不含丝胶，质地柔软。纬线一般是经过练染加工的丝线，分绒线、合花线、劈线、金线等。如要表现自然的色彩过渡，会用到合花线；如要表现疾走书法的笔锋或虫鸟的须翼，则可能要用到劈线等。

不同作品根据图样色彩和宽窄需要几十乃至几百只梭子。织造过程中，缂丝艺人按照预先勾绘在经面上的图案，频繁换梭并排紧纬线，这种方式利于更充分地表现色彩和图案，但图案如果复杂，换梭数以万计，工艺繁复，且多为一人独立完成，耗时极长，因此决定了它价值不菲。又因为是独立完成作品，在织造过程中，艺人有相当的灵活度和主动权。综合看，缂丝工艺是以画稿为本，化梭如笔，以纬丝彩线为颜料制作成品。画稿一经缂丝体现，光泽尤盛，酷似原稿而更胜之。清沈初在《西清笔记》里形容道：『宋刻丝画有绝佳者，全不失笔意，余尝得萱花一轴以进花光石色，黯而愈鲜，位置之雅，定出名手。后见有明季人画而刻丝者，其原画亦在，取以相较，树石层次，笔意相同，而敷色鲜妍，刻丝反胜，近来吴中工匠亦有能者。』[三]

（二）缂丝工艺发展梗概

缂丝成品正反两面图案如一，因而富于双面立体感，非常适合制作屏风、团扇等生活实用品。伴随唐宋时期绘画艺术的繁荣发展，缂丝以绘画为稿本织造，不同时代画风深刻影响缂丝，促进其开拓了发展的广阔空间。尤其在北宋时，出现极高艺术性，是缂丝艺术发展的首座高峰，后代难以逾越，『以河北定州所制最佳』『以宣和时制作最盛』。

南宋经济重心南移，缂丝业中心转移到苏州一带，江南的优质蚕丝材料与缂丝工艺碰撞结合后，工艺成熟，进一步发展和巩固了缂丝的特色，大幅度向艺术性转移。元代缂丝曾一度回到以实用品为主的轨道上，但技艺水平没有大的发展。明初崇尚节俭，缂丝一度被禁，到宣德时期才恢复和继续发展，至成化织造水平已相当精妙，缂丝艺术性达到较高水平，能继宋之风流余绪。

清代在明代三处旧有织造局的基础上重建江南三织造，专办宫廷御用和官用各类纺织品。三局经费的来源，完全靠工部和户部指拨的官款。由于三局产品专供统治者享用，因此，工艺上非常讲究，用工用料毫不吝惜。三织造受皇帝重视，最高长官一般由内务府派郎官担任，还有很多苏州缂工供奉内廷。清代缂丝工艺继续长足发展并有创新，最终在乾隆朝达到全盛，形成缂丝发展的第二个历史高峰。

但在乾隆朝以后，缂丝逐渐衰落，民国时期市场极其萎缩，到中华人民共和国成立前夕工艺几乎濒临失传。中华人民共和国成立后，缂丝经历了比较漫长曲折的恢复期，主要存在于苏州及其周边地区，长期鲜为人知，后继乏人，且作为传统高端手工艺，仍有与现代社会不相适应的矛盾，瓶颈较难突破，随着近些年来国家重视力度的加大，对这一优秀传统工艺的传承和保护工作持续在推进。2006年5月，苏州缂丝织造技艺经国务院批准被列入第一批国家级非物质文化遗产名录。2009年9月，缂丝作为中国蚕桑丝织技艺的一部分，入选世界非物质文化遗产名录。此后，国内关于缂丝的展览逐渐增多。

（三）中心收藏的缂丝《宝典福书》《元音寿牒》册简要情况

缂丝工艺灵活，题材广泛，与绘画有异曲同工之妙。它所表现的纹样题材，发展到清代乾隆时期已经非常丰富，涵盖了礼服纹章、花鸟走兽、龙凤祥瑞、宗教绘画、人物故事、山水、书法等，尤其在明代的基础上，增加了两个新颖的内容，即印章和记录重大政治军事等事件的纪事性长卷。这两类缂织内容是整个古代缂丝史上最后出现的题材门类。

印章以往只是缂丝书画作品中的辅助因素，包括缂织画作本身原有钤印以及缂丝艺人自己署名的钤印。缂丝《宝典福书》与《元音寿牒》册在乾隆时期的出现，意味着印章作为单独主题被缂织表现，因而具有开创性重要意义。同主题织绣册，国内除天津市文物交流中心这套缂丝册外，已知故宫博物院有5套[2]，其中一套为绣册，一套为缂丝加绣册，另三套为缂丝册。天津市文物交流中心这套藏品不含绣工，风格面貌与故宫博物院三套缂丝册趋同，应有密切关系。该主题织绣册数量稀少，题材稀缺，艺术地位不容置疑。

天津市文物交流中心的这套缂丝册，由明黄色云纹暗花缎册页套包裹，横开蝴蝶装，部分因黏胶脱落而成散装，缂丝织面部分纵23.5、横25.7厘米。册页面为紫檀木硬板材质，磨光上蜡，题签镌刻隶书，如『御制句宝典福书』，字面涂石绿，由木质原色映衬，更增雅趣。以《元音寿牒》为例，首页隶书『元音寿牒』四个大字，余下15页上下对称布局，格式统一，每页印章八方，配楷书释文，合计印章120方。边框花纹均四角松枝，四边仙鹤、『卍』字纹及云纹，松枝与鹤身局部为绘制。《宝典福书》册的布局与之相同。区别仅在边框花纹，四角为寿桃与桃叶，四边为朱蝠、『卍』字纹及云纹，桃叶桃身及蝠身局部为绘制。

同为乾隆八旬万寿的寿礼，如王杰、董诰等五位大臣进献的诗词经折装《皇上八旬大庆万寿万万寿恭纪册》，边框四周花栏有『卍』字纹、寿字、寿桃、云纹等图案，锦簇缤纷，与金简进献组印的印谱边框类同。另外，像故宫博物院藏品《缂丝福康安书乾隆宁寿宫铭卷》的边框，为缂织锦纹地『卍』字福（蝠）寿纹；《缂丝董诰书乾隆御制五福五代堂记卷》的边框，为缂织云纹福（蝠）寿（桃）纹，与本文缂丝册边框更为相似，充分说明这是当时的流行风格。

二　通过缂丝加绣与缂丝加绘的细节比较，彰显出的艺术特点

在故宫博物院的5套《宝典福书》《元音寿牒》织绣册中，缂丝加绣套册亮相较多。而天津市文物交流中心的缂丝册，技法以缂丝加绘为主。在乾隆时期，缂丝工艺发展的突出特点之一，即缂金银、缂毛、缂绣、缂绘等表现手法综合运用愈加娴熟；装饰效果事半功倍，丰富和提高了缂丝艺术的表现力。对缂丝加绣册与缂丝加绘册进行简单对比，有助于我们更清晰直观地了解这两种技法的综合运用，从而增进对天津市文物交流中心藏品艺术特点的更深层认知，而非浮于泛泛之赏。

（一）缂绣与缂绘，都是缂丝艺术精进的有效助力

1. 缂绣与缂绘的含义

缂绣结合是指同一作品中运用了缂丝与刺绣两种技法，

有的作品以缂丝为主，刺绣为辅；有的作品以刺绣为主，缂丝为辅。故宫博物院的缂丝加绣册，缂织主要集中在边框、印章释文部分，朱文印章多为刺绣。

缂绘结合是指缂出物象的大概轮廓，余部均用笔描绘或以色彩敷之，一般以人物面部应用较多。自南宋以降，摹缂名人绘画的缂丝作品，常有在某些图像精微处用毛笔补彩，作为缂丝遗漏细小部分的补救措施，但加绘部分在整个作品中所占分量很少。明代这种方法运用渐多，到清代乾隆时期后，应用更广泛。当时缂绘结合的御用品极具装饰性，无论是御用服饰还是御笔、御赏卷幅作品，愈是缂织精细之作，愈要在其纹样细部施以着笔彩绘晕染的二次艺术创作，追求完美的间晕与退晕效果。这一特点在天津市文物交流中心缂丝册的局部体现得相当充分（图一），桃身、桃叶、蝙蝠、松枝等的晕染，实现在极小色区上细腻自然的色彩过渡。

客观来说，缂绘结合是与当时社会生产力发展水平相适应的手段之一，也是一种有益探索。起初，细节的描绘无损缂丝的风格与特色，反而使作品更完美逼真，给人以美的感受。然而到后来，随着敷彩的增多以致滥用，只在物象的花纹轮廓处加以缂织，余皆以笔绘染，难免出现不少投机取巧、繁琐堆砌的作品。如清末，缂丝粗劣之作充斥于市，甚至宫廷用度亦罕有精品。这就大大削弱和摧残了缂丝艺术本身独具的艺术特色，丧失了缂丝原有的纹理之美和技艺之巧，从而也断送了缂丝工艺的艺术生命。

图一
两册边框部分缂绘结合所呈现的完美晕染效果
（本文图片均出自天津市文物交流中心所藏两册页）

2. 缂绣绘融合的时代原因

乾隆时期，缂绣、缂绘结合的作品出现较多，有鲜明的时代特色。深究其因，完美融合的出现并非偶然。首先，当时的经济发展给缂丝技术发展提供了雄厚的物质基础；其次，三织造的不计成本、精益求精，在技术和财力上给了缂丝技法改进融合尝试强大的支持；再次，缂丝和刺绣工艺都达到了各自成熟发展阶段，为技艺深度融合提供了前提条件；最后，乾隆皇帝对缂丝的钟爱，极大带动了风尚，促进缂绣绘一体的综合艺术达到繁荣。

缂绣绘的融合，能克服当时缂织在小色块上达不到逼真效果的缺陷，并使作品更艳丽、更富变化。刺绣和缂丝都是优秀的传统工艺，以不同方式呈现美感，体现出织绣文化的丰富，交相映衬，光彩绝伦。

（二）对《宝典福书》的比较

特别要提一下的是，天津市文物交流中心版的织绣藏品，蝴蝶装左右两开的装潢位置固定，每开顺序与故宫博物院版并不完全相同。为比对中方便说明，此处依故宫博物院缂丝加绣版的顺序进行。

天津市文物交流中心版（蝴蝶装，整体无折痕）缂织边框部分（图二）：

（1）底色偏黄，边框彩色，如寿桃、蝙蝠、『卍』字纹红色层次清晰，桃叶绿色。

（2）外边框以墨蓝缂实。

（3）云纹的深蓝、蓝色、月白三色表现更立体清爽，在视觉效果上使云纹与『卍』字纹距离拉开，层次更分明。

（4）寿桃与桃叶辅以绘画演绎，接近写生，弥补缂丝在细节刻画上的不足。

（5）蝙蝠的用色，红色亮眼，突出吉祥喜庆寓意。

（6）整体赋色亮丽鲜焕。如两者上下边蝙蝠翅膀均与云纹相叠

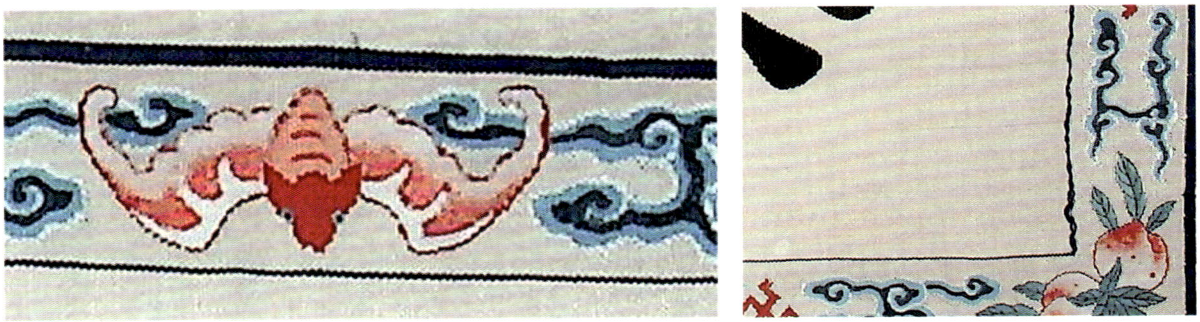

图二 《宝典福书》册边框部分的缂织花纹

（左右两边末相叠），天津市文物交流中心版因彩色故，层次效果清晰，更增灵动。

故宫博物院版（经折装，中有折痕）缂织边框部分：

（1）底色偏红，边框三蓝缂，寿桃、云、蝙蝠、『卍』字纹等均蓝色。

（2）外边框两条实线，外略粗，里略细，两线间未用颜色填缂。

（3）因蓝色变化层次弱，显得云纹与『卍』字纹距离非常近。

（4）寿桃与桃叶的表现较为粗犷，桃身可见缂织戗法。

（5）蝙蝠的造型虽然一致，蓝色的演绎过于朴素。

（6）整体素雅，但在艺术效果表现上，层次略显混沌。

以第10开的两桃中间桃叶为例，故宫博物院册中，叶片缂织简单而粗率，右下角与右上角均桃叶6片；天津市文物交流中心册中，四角全部为5片（图三）。实际上，天津市文物交流中心册中，每开边框两桃间的叶片均或5片或6片，不是非常规范。或者像第2、12、13、14开的表现，右上角桃叶还掩映半片，绘画笔触灵活，增加了艺术变化。

图三 《宝典福书》册边框部分对中心桃叶的刻画

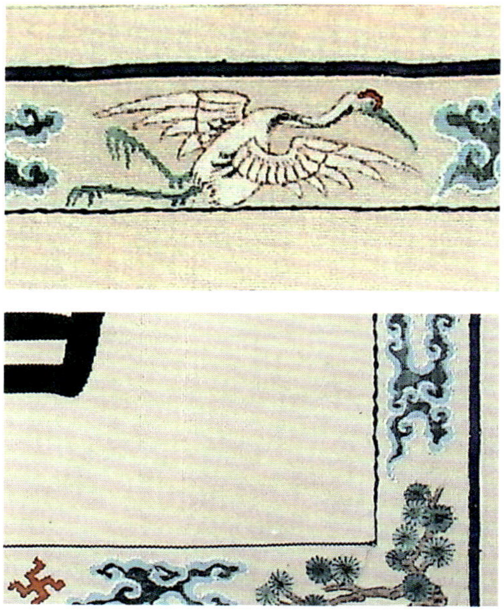

图四 《元音寿牒》册边框部分的缂织花纹

印章部分，因故宫博物院版朱文印多为绣工，天津市文物交流中心版均为缂工，不做过多比较。它们采用同一稿本，但因织工的不同审美，对细节的处理也不同。如第3开中，『善作心田福自申』边框，绣工外粗而内纤，缂工处理则粗细一致。都是美的，体现不同艺人的艺术理解与表达。

（三）对《元音寿牒》的比较

天津市文物交流中心版（蝴蝶装，整体无折痕）边框缂织部分（图四）：

（1）底色偏黄，边框彩色，如松枝绿色，『卍』字纹红色。

（2）外边框以墨蓝缂实。

（3）云纹与『卍』字纹色差拉开，对比鲜明，疏朗开阔。

（4）松干、松针绘就，富于变化，更接近写实。

（5）鹤腿造型有变化，白身白翅红顶缂织，绘黑颈。

（6）整体更艳丽，表现更生动。

故宫博物院版（经折装，中有折痕）边框缂织部分：

（1）底色偏红，边框三蓝缂，云鹤松皆蓝，『卍』字纹亦蓝。

（2）外边框两条实线，未用颜色填缂。

（3）云纹与『卍』字纹色差小，显紧凑。

（4）松干缂织极简，装饰意味强。

（5）缂织鹤腿平齐，造型略板滞。

（6）整体淡雅素洁，表现力平实。

通过对比，天津市文物交流中心藏缂丝册可以给我们留下更深刻的印象，缂丝与绘画两种技法适度融合，美感和谐，共同服务于主题。用丰富的方式去表现，正体现乾隆帝的钟爱，也恰恰证明它们是乾隆晚期也即古代缂丝第二高峰时段中的典型作品代表。

（四）通过简单对比凸显的一些艺术要素

1.默默无闻的缂丝艺人们做出的巨大贡献

优秀的织绣作品凝结着古代织绣艺人们巨大的心血，但故宫博物院藏缂丝加绣册与天津市文物交流中心藏缂丝加绘册的共同点之一，是都没有艺人落款。如果是常规的官营作坊丝织产品，类似『物勒工名』的机头织款是有必要的，如前文所述，缂丝的特殊工艺过程决定了它很难有固定的机头织款。北宋的宫廷书画缂丝多以赵佶作品为粉本，作品上没有留下任何文字，工匠信息很难从缂丝作品本身查证。进入清代以后，虽从事缂丝的艺人数量较多，但与宋代相比，缂丝书画的整体艺术表现力有所减退，而程式化意味较浓重，大部分产品几乎被皇家与统治阶级高层垄断，尤其清宫缂织的很多作品稿本都是乾隆皇帝书法绘画作品，天威凛凛，对内容的限定性极强，被指派制作的艺人不可能像自定义创作时在织物上缂织自己的名字与印章。以皇帝寿礼为例，必须突出尊贵受者与显贵献者。

织绣文化蜿蜒千年，浩瀚璀璨，尤以缂丝来说，其制作者与受众却泾渭分明地处于社会两端。底层艺人们埋首耕耘，创造这一物质文化的载体，是最朴素的生产者，如离开他们的技艺与付出的无穷心力，就谈不上这些技艺的改进和发展。他们将质朴的情感与扎实的技巧融入在具体作品中，表现真善美，表达普通人民对深层次美好事物与生活的渴望，但是，这些产品距离他们的生活却那么遥远。作为唯一不能被机器替代的织造工艺，缂丝织物愈珍贵，材质愈昂贵，曾经的御用身份愈体面，愈彰显那些经年岁月中缂丝艺人们梭梭往复的沉重光阴。

因历史原因，缂丝生产规模有限，制作出来也多充贡，加之技艺秘传，因而至今仍是顶尖传统工艺的代表，但也可以说是阳春白雪与曲高和寡的最形象诠释，时至今日我们仍然难以轻易从寻常市场上觅得它的踪影，它几乎依然是高端和奢美的代名词。对比近年来织绣拍卖领域的其他主力，缂丝的工艺复杂，制作难度远远高于织锦和刺绣，仿制极难，庸品极少。缂丝在弘扬民族优秀工艺过程中，有独特的地位和价值，独具中华工艺审美，反映出历代缂丝艺人的辛勤智慧、高超技巧与不懈创新，因此，对它的传承既要注重传统，更要结合时代继续探索和创新，拉近与普通民众的距离，未来道路远而弥艰。

2. 缂丝艺人的书画功底对成品的影响

缂丝书画作品从它诞生起，就深受皇室审美与时代画风的影响，艺人不仅要具备娴熟的缂丝技巧，还要将名家书画稿本用撑样板托于经丝下面，亲以毛笔描摹于经线上，无法拓印，故而其线条的流畅度、造型的把控力都要过硬，需要他们有相当的书画功底和出色的色彩感觉，推动稿本意蕴美感在缂织过程中准确传达，才能使观者获得持久的震撼与感动。如上述两个版本的织绣作品对比，边框部分均为缂工，艺术效果已殊为不同；印章释文虽然同为缂织，但因艺人的书法水平与运笔习惯不同，即使同为楷书，观者获得的观感亦不同。

苏州市缂织技艺的国家级传承人王金山曾提到缂丝与绘画的关系：

> 任何年代的缂丝艺术品，都反映了当时的绘画风貌，因而严格地说，绘画也是缂丝技艺的一项基本功，缂丝作品是绘画艺术的再创造。缂丝的制作与绘画的画理、书法的笔论是相通的。……缂丝……用其特有的技法，表现绘画书法生动多样的字图。可以说，从这个意义上看，缂丝的创作要比绘画的创作繁复深奥。……把绘画书法的要素自觉地引入缂丝中来，是缂丝艺人应有的素质[3]。

缂丝技艺根植在中华民族优秀传统文化中，历史发展与时代绘画发展息息相关，则缂丝艺术今后的持续发展依然离不开传统书画文化的滋养。像本文缂丝册这样的作品从摹稿到缂织环节都直接体现艺人的书画功力和艺术情感，使织绣成品带有艺人强烈的个人风格。这就能理解缂丝技艺的发展为何需要后续人才具备一定的书画功底：懂得绘画技巧，掌握笔墨功底，利于对作品画面里光线变幻、气韵流动的理解，从而将笔墨图式顺手畅心地表达，使其更成功地转化为织绣佳品。王金山在2008年5月11日《姑苏周刊》采访中说：『我特别希望能够找到有美术功底的学生。』缂丝作品既要传达出国画的意境和神韵，又与纯粹用笔墨去渲染表现的绘画相异，懂书画对于提高缂丝作品的艺术价值特别有益。

三　天津市文物交流中心缂丝册的技法特点

天津市文物交流中心收藏的缂丝《宝典福书》与《元音寿牒》册，完美集结书法、绘画（主要在边框部分）、玺印、诗文等诸多中国传统艺术要素，有无比鲜明而深厚的传统文化烙印。

（一）缂丝册产生时的社会环境、技艺发展情况

因明中晚期经济已然达到封建社会的高峰，手工业十分发达，艺术品的生产和需求旺盛，缂丝用途非常广泛，织造技术进一步提高，官办与民间缂丝均制作精良，政府有专门机构负责缂丝生产，如御用监下设缂丝作。至清代，统治者借助汉文化巩固政权，对很多文化技艺积极传承，在工艺美术领域设立专门机构，投入大量人力物力模仿宋代作品，品种丰富，技术有创新。缂丝中心仍在苏州和南京，生产规模较明代进一步扩大，使清代缂丝生产及现存数量较古代其他时期均丰富得多。据清廷内务府记载，苏州每年都要办解缂丝产品若干批，解往京城，供『上用』及官用之需，每批少者三五件，多者一二百件。

综合来看，南宋、明清，当社会稳定经济繁荣时，都直接促进缂丝的发展。以清代为例，清初传统织绣工艺业高度发达，除苏州、杭州、南京三大丝织中心外，四川、福建、广东、北京等地的丝织业也迅速发展。其次，缂丝的几个重要发展阶段与当政皇帝的文化气质、书画素养有相当直接的关系，如宋徽宗、明宣宗、清高宗。清代宫廷缂丝在继承明代缂丝技法的基础上，不断发展创新，以整体数量庞大、工艺精湛闻名于世，尤以乾隆时期的最为精美丰富，用丝细匀，精巧牢固，题材丰富，画面绮丽。以上这些都是缂丝《宝典福书》与《元音寿牒》册产生的基础。

（二）缂丝册产生的契机：乾隆皇帝对缂丝书画的深刻影响

乾隆毕生喜爱传统文化，自诩文人皇帝，醉心写诗

立说，赏鉴钤印。他的印章不仅数量多，使用频率也非常高，以《中国书画家印鉴款识》为例，收录常用印玺172方[4]，体现出他对书法绘画鉴赏活动的钟爱程度。他重视古代艺术，在位期间对艺术品进行钦定，编纂了《石渠宝笈》《秘殿珠林》《西清古鉴》《宁寿鉴古》《西清砚谱》等书。

缂丝与书画有深厚的历史渊源，从乾隆的多方位鉴赏要求出发，就可以理解他对缂丝书画制作投射的巨大热情，在清宫收藏的历代缂丝书画中，单乾隆时期的就超过一半。乾隆不仅调集大批缂丝精英专赴京城，有计划地进行缂丝织制，还对缂丝相关作品的艺术品位提出很高要求，下达的指示往往非常具体而细致。如在乾隆五十四年（1789年）的清宫内务府造办处的行文中记载：三月初二日有御临吴琚尺牍，『传旨发往苏州交四德裱手卷一卷要缂丝龙包首配袱弩匣具前引首四大字周围画一寸宽宋花鸟』；三月十六日有《御笔安南始末事》记，『传旨发往苏州交织造四德裱做手卷一卷要缂丝龙包首』。乾隆四十七年二月二十九日行文记载：『现在饬匠敬谨绣做外，惟丁观鹏绘画极乐图精妙绝伦，御制四体字题赞应传万祀，若以缂丝织成，尤为明丽。现在本织造谨拟捐廉缂做二轴呈进，但读图赞本文绣线字样似专指针工，与缂丝有别，恳请酌换数字，发交缂做，以符体制。』『奉旨：图赞本文准交懋勤殿，将汉字内绣线二字改写缂工，其余三样字俱不必改写，发交四德缂做二轴送来。』又，乾隆四十八年正月初五日行文记载提到缂丝三星图挂轴，『传旨：照三星图挂轴画样呈览，其挂轴上周围大边并上玉下玉花纹俱照乐寿堂现挂八仙挂轴上大边玉下玉花纹一样画样呈览，准时交苏州缂做。』[5]

前文已述，乾隆时期的缂丝技艺运用已经达到以往任何时期都难以比拟的熟练程度，一件优美的缂丝书画不但有绘画神韵，亦能有绘画所不及的质感。以缂丝乾隆御笔为例，缂丝艺人要遵循作品原貌，绝不能随意添加或者更改，要求精细，特别是其御笔书法，即使连笔、飞白等处，亦要如书写一般流畅，对缂丝艺人的要求相当高。正因有艺人高超技艺水平的支撑，反过来促进乾隆下令缂织更多作品，记录本人的文治武功，作为他政治生活的写照和重要补充。所以，乾隆时期缂丝作品，在选题生成和形制确定等方面，都融入了乾隆个人兴趣和爱好的深深印记。而缂丝在宋徽宗时期取得了相当高的艺术成就，在同样钟爱艺文又颇为好大喜功的乾隆皇帝心底，未尝没有一丝丝潜在微妙的竞争心态。

宋徽宗赵佶与乾隆皇帝在书画方面都有造诣，对缂丝艺术的发展都起到至关重要的作用。在帝王的支持下，作为一种极端艺术化的纺织品，缂丝能得到快速发展，而帝王对书画的偏好也深深影响到缂丝作品中，如宋代缂丝作品以工笔花鸟居多，清代则以乾隆本人作品为稿本的缂丝书法和缂织绘画居多。但受时代技法的制约，宋徽宗虽以瘦金体著称，却没有以他书法为稿本的缂织作品，盖因当时的缂织技术对书法还不足以表现到位。而在乾隆时期，技术的发展已能支撑缂织书法，但也存在细节的不足，而乾隆本人书法和临帖多，派发的缂丝书法工作多，刺激缂丝艺人进一步钻研缂织书法的技术，精益求精，推动缂织草书篆书的发展，起到了相互促进的作用。

（三）解析天津市文物交流中心缂丝册印章及文字的技法特点

1. 如第一开的隶书字体、印谱内文中印章上释文，主要运用了平缂、搭梭、结等技法（图五）

（1）平缂：又称齐缂，常用于大面积背景底色，或者一定面积没有颜色变化的小型图案，不采用其他缂织技法，只回纬平纹缂织。这在『福』字字体可以体现。

（2）搭梭：在图案中，两色结合时有竖缝处，将其中一根色线搭到另一种颜色的经线上，使两色相互连接避免形成裂口和缝隙。搭梭技法根据情况灵活多变，搭绕的频率可以不规则。『禄』『将』的偏旁直竖部分，如果不是搭梭技法的运用，与两边裂缝分离的情况会更明显，尤其『将』偏旁的中间部分，搭梭适当增加一两处，可能更好。但由于释文总体字体面积不大，这种情况从视觉效果上看，总体影响较小。

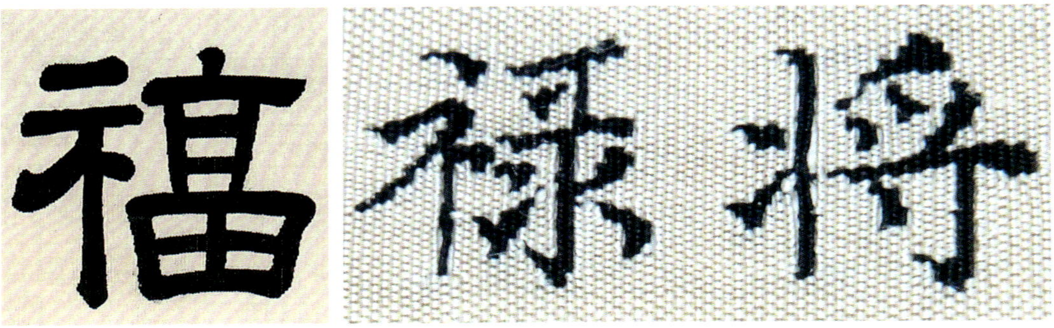

图五
两册中题目及释文的缂织细节

（3）结：在图案上有弧度或者起伏的地方，或者比较粗的边缘线位置，根据需要的位置大小，在纵向、斜向的位置，采用有规律的两根或者三四根线同时向上走的方式，纬线来回穿梭缂织。如『福』『禄』偏旁中斜向线条的延展处理。

2. 结合印章进一步体会缂丝技法（图六）

（1）结线法在处理曲线上的作用。以左图为例，印章两侧辅助图样中，运用『结』技法，线条蜿蜒向上，呈现一定规律，面积大小可以根据图样要求自由调整。

（2）搭梭：在印章的处理中，

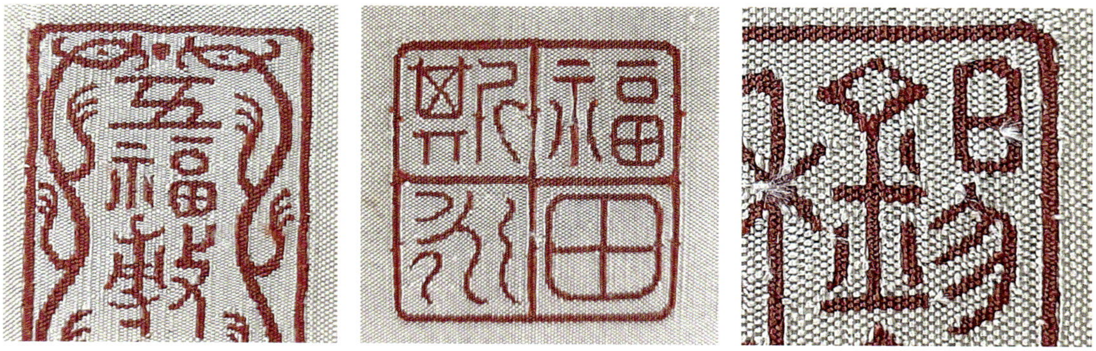

图六 印章中缂织结法、搭梭等的具体运用

横向直线与垂直线居多，尤其垂直线，因双方色块不相交，很容易有裂痕，影响美观度和坚韧度，所以，每隔一定距离，务必让两边色线搭绕一次，绕过对方色块内的一根经丝。从例图来看，搭梭在垂直线上的使用，按照实际需要，由缂工具体掌握，两色块相交处织纹平滑流畅，竖向未有过长裂缝。因为汉字构型的基础就是横竖笔划，搭梭在客观上是为解决缂丝织物的稳定性，但在主观上给缂丝文字的发展奠定了技术基础。

（3）子母经：是多运用在印章图案垂直线条中的缂织技法，尤其是印章边缘，属于搭梭技法的延展，也是防裂缝的方法，借以增加织物的张力。具体为，运用甲乙两梭，当甲梭在墨样上穿一梭，乙梭通穿纬线时则跳过墨样一根经线，让甲梭挑穿，如此往复。又可细分为单子母经和双子母经织造法，区别在于单子母经跳一根经线，双子母经跳两根经线，显得比单子母经粗一倍。单子母经出现于元代，双子母经则出现于明代中期，因为防竖缝技法的不断改进，明代的缂丝书画作品中缂丝文字发展逐步完善，大小上超过元代缂丝文字，促进缂丝书法在明代中期以后大量出现。

3. 对比看缂丝在曲线与竖向直线上表现力的不同（图七）

（1）单线在竖直线以外部分的表现堪称完美，曲线表达顺滑。

（2）从例图来看，竖向直线即垂直线部分，是色线原貌，因缂丝本身技术技法的限制，这是难以逾越的薄弱点。因例图放大，凸显了这一不足，实际因印章较小，并未影响总体视觉效果。

4. 结合印章继续体会缂丝技法（图八）

（1）高频搭梭。左图显示出搭梭技法运用非常灵活，也非常频繁，这与单色线的使用有很大关系。参考上面提及单色线在垂直线表现上的局限，则在较长垂直线的表现上，单色线与高频次的搭梭技法结合，就是必然的选择，可以增进

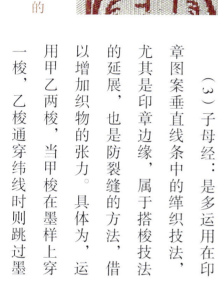

图七
印章中缂织在曲线与竖向直线上的表现对比

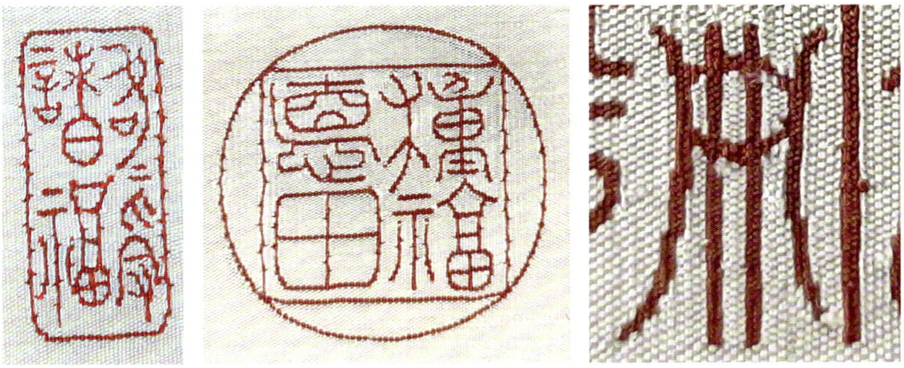

左　中　右

图八
印章中缂织高频搭梭、结法的具体运用

单色线的顺贴度以及织物相关部分整体的韧度。

（2）笃门闩：也是防裂缝的处理方法，是搭梭的进阶表现之一，更为规范化，使织物更加稳固。在处理垂直线部分时，将两个搭梭的间隔规定为2毫米，相邻两色块色线在相近处搭一下，再回到各自的色区。

（3）体会结法在斜线上的运用，如图八右图。结法非常适宜表现字体有弧度的部分，譬如撇、捺、弯折等笔画。由图中长撇可见，结线迤逦连绵，委婉且不失顿挫，于柔美中自带一股刚气，与笔情墨趣又异之。

5. 横向直线与竖向直线的效果对比（图九）

由于缂丝织造技术本身的特点，表现横向直线非常稳健，而在竖向直线的表现上，要运用很多办法防止裂缝。所以，搭梭也好，子母经也好，笃门闩也好，都是缂工们在不断努力中进行的技法更新，用更加丰富的处理方法应对和突破织造本身的局限。

图九
印章中缂织对横向直线与竖向直线的表现对比

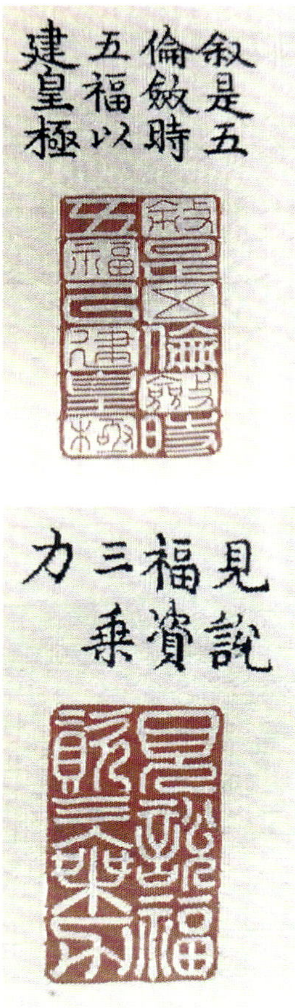

图十 缂织对楷书释文的流畅表现以及白文印章中平缂与搭梭结合得浑然一体

6. 结合释文及印章继续品味缂丝技法（图十）

（1）平缂与搭梭的紧密配合。从图十可以看到，在白文印章的表现上，突出了平缂技法的特点，并且相较对朱文印章的刻画，能更好地隐藏搭梭的痕迹，艺术效果更优。

（2）从释文部分看，对楷书字体的表现已经非常流畅自然，肥瘦均匀。楷书的特点在于少有行、草中的枯笔锋芒及飞白等特点，更适于缂丝进行印章表现。如果是行书或者草书，其贯通笔意和生动气韵的表现难度更高，更适宜在专门书法作品中缂织。

事实上，对缂丝工艺而言，书法的制作有相当的难度，尤其是竖笔划的制作，因它与经线方向相同，不可避免出现锯齿纹。草书龙飞凤舞，斜线多，篆书笔画繁杂，斜线也多，对它们的表现很不好掌握，织物的牢固性要受到较大影响。所以南宋时缂丝书法很少，明代中后期书法缂织有所增多，清代虽有缂丝草书，总体不多，缂丝篆书则更少，基本还是以楷书为主。在刻画草书篆书时，都难免用到劈线与拼线，粗一些笔触可以用结的方法表现，细的可运用单子母、双子母技法表现，可以说，劈丝拼线对缂丝草书的发展有非常积极的促进作用。

（四）解析天津市文物交流中心缂丝册边框部分的技法特点

缂丝有丰富的戗法，但在此册较少运用，盖因涉及色彩图案部分基本限定在极小边框范围内，并不利于戗法的展开，衡量之下，缂绘结合的表现效果可以优于戗法，以补绘方式解决晕染问题更为适合。所以关于这套缂丝册的技法剖析，基本无关戗法。

1. 缂绘结合的蝙蝠（图十一）

勾法：常用于细线条，多为勾勒图案的较细边缘线和结构线，也即勾边，如花瓣、叶子、叶脉等处。从图十一可看到，蝙蝠外缘用红色线清晰勾出其外

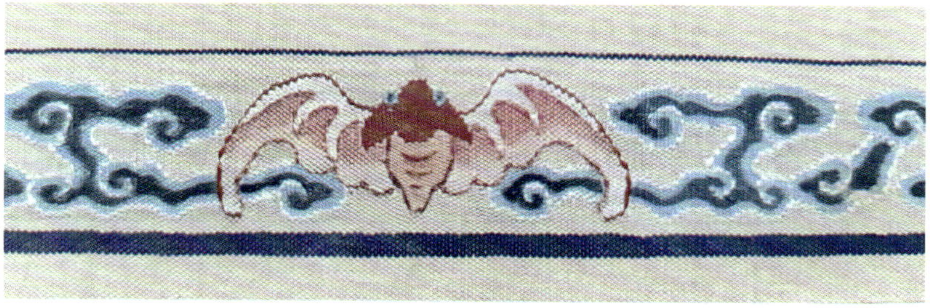

图十一 《宝典福书》册边框部分对蝙蝠的缂绘刻画

轮廓，有如工笔勾勒的效果，使纹样界线清楚。而翅膀及蝠身部分绘画晕染，过渡自然。勾缂技法出现于唐，在宋元明清时期一直使用。除开蝙蝠的边缘，周围云纹的边缘亦用白色线勾边；蝙蝠上方横线采用勾法，下方粗边框采用平缂法。

2. 缂绘结合的寿桃（图十二）

这里能够看到几种技法的鲜明对比和完美融合，包括缂绘结合、勾缂、搭梭、平缂等。寿桃、桃叶有绘画，点染清新；寿桃的红色部分边缘勾缂，云纹边缘勾缂；内侧边框横向直线为勾法，竖向直线的勾勒凸显缂丝通经的特点；外侧边框搭梭分明，与平缂技法结合紧密。缂丝晕色不够和润，一些细小处不易缂织，像寿桃顶部的绘制，是对缂丝艺术效果的有益补充。

3. 缂绘结合的寿桃（图十三）

与前一部分的寿桃刻画作对比，可以看到，相同之处是桃身颜色过渡细腻，外边缘红色线勾缂，不同之处在于，前者的桃叶部分用色相对一致，而此幅桃叶部分敷色浓淡分明，可更清晰看到桃叶外边缘没有用到缂丝勾法，而是墨笔勾勒。《宝典福书》16开中，每开的四个边角，绘画补笔都有区别，仔细观摩，没有千篇一律，增加了画面的灵动和趣意。

4. 缂绘结合的松枝（图十四）

与《宝典福书》一样，《元音寿牒》在边框部分的刻画，多种技法交映，包含平缂、勾缂、缂绘结合、搭梭等，只是四角的主体由寿桃换为松枝。松枝部分为纯绘画，未结合边缘勾法，本身敷色生动，枝干描绘细致入微，开开不尽相同，殊为别致。云纹边缘亦白色线勾缂；内侧边框横向与竖向直线仍有清晰对比，体现着工艺局限；外侧边框中，平缂与搭梭技法痕迹分明。

图十二 《宝典福书》册边框部分对寿桃的缂绘刻画（桃叶敷色均匀）

图十三 《宝典福书》册边框部分对寿桃的缂绘刻画（桃叶敷色浓淡交织）

图十四 《元音寿牒》册边框部分纯用绘法表现的松树枝干

图十五
《元音寿牒》册边框部分对仙鹤的刻画是极具代表性的缂绘结合

5. 缂绘结合的仙鹤（图十五）

图十五多数技法同上。外边框平缂，因为搭梭的略微不足，能够看出外边框内侧织物所形成的细微裂缝痕迹，这正是缂丝作品多种防裂缝技法所严防死守的情况，能直观感受到竖直线刻画的不易。

鹤身边缘运用棕色线勾缂，下方翅膀边缘处能够辨别出为两股勾线，受到右侧织物轻微变形带动的细小影响。如果艺人取巧，翅膀边缘完全可以用赭石色绘制勾边来代替，所以虽然此处勾缂存在小小的瑕疵，难掩缂丝艺人作出的努力，可窥见其严肃敬业的缂织态度。局部缂织与绘画结合，如鹤喙、鹤颈黑色。鹤腿部分外缘没有勾线，整体运用了结织法，表现效果平稳妥贴。

结语

总体而言，乾隆时期，缂丝御笔书画不但数量多，且装裱精致，包含许多缂丝乾隆御临名帖，多以行书为主。上行下效，受皇帝影响，大臣进奉的缂丝书画也很丰富，如董诰书《缂丝五福五代堂记卷》、胡季堂《宝典福书》和《元音寿牒》缂丝册、姜晟《缂丝春夏秋冬诗卷》等，都极具历史价值。本文册页所体现的缂丝艺术主要集中于印章、楷书和花卉几方面，兼具帝王审美与文人情趣双重特征。

两册有鲜明的乾隆时期内府风格，华美细腻，表现力强，与故宫博物院珍藏的其中一版如出一辙，推测或为内府后制，但起码在乾隆五十四年至五十八年（1789—1793年）内务府造办处记录中没有查到相关记录；或为胡季堂严格遵照内府风格制作不同织造版本作为进献选择，或为其根据皇帝授意补充进献，但目前还未找到充足的断定依据。

毋庸讳言，关于这套缂丝册的疑问还有很多，如：这一拨织绣册除了故宫博物院与天津市文物交流中心以外，还有没有其他散落的；它究竟如何流散到天津等等，都需要我们研读更多更有力的文献史料，做更深入的研究发掘，去探寻属于它的更多真相。

中国织绣在世界享有很高的地位，因为这种艺术语言通俗易懂，丰富生动，更易被广泛接受，生命力持久。缂丝《宝典福书》与《元音寿牒》册的出现，有历史积累的基础，有时代风尚的影响，有技术水平的支撑，有合适的契机触发，得以站在清代缂丝发展的顶峰上应运而生。以往印章因素只能分散在缂丝作品的款识中零散得见，这批含缂丝在内的织绣册以其为主角集中展示，难能可贵。但作为最后诞生的题材品类，虽开创了缂丝印谱的先河，写下浓烈一笔，却孑然独行，形影相怜，见证这项艺术发展的顶点，又目睹它走向无可奈何的下山路，像夕阳落山前的山顶有漫天光彩，须臾间，空留最后一抹余晖。

两册缂丝有鲜明的政治功能，浓缩了激荡的政治风云变幻，有很高的史料价值。但在它身上体现出的印章、印谱、诗词等浓浓的艺术要素，加之凝结古代缂丝艺人们的巨大心血，这是使其艺术影响能够保持勃勃生机的关窍所在：直观体现缂丝艺人的书画功力，还有以彩绘补笔的二次创作，追求完美晕染效果的艺术热情；具体到技术细节上，在平缂、勾缂、搭梭、结法、子母经、缂绘结合，乃至于小尺寸楷书的笔意表现等处，都运用得炉火纯青，显现了清代最精湛的缂丝工艺水平。这份蕴含于中华民族传统织绣的生动之美闪烁至今，并能一直延续。

主要参考文献：

1. 单国强主编：《故宫博物院藏文物珍品大系·织绣书画》，上海科学技术出版社、商务印书馆，2005年。
2. 故宫博物院编：《经纶无尽——故宫藏织绣书画》，紫禁城出版社，2006年。
3. 上海博物馆：《丝理丹青——明清缂绣书画特集》，上海书画出版社，2021年。
4. 孙卓主编，胡金楠、马慧娟等编著：《吴中绝技——中国缂丝》，广陵书社，2008年。
5. 朴文英：《中华锦绣·缂丝》，苏州大学出版社，2009年。
6. 南京博物院编著：《南京博物院珍藏大系·历代织绣》，江苏美术出版社，2013年。
7. 濮安国主编，濮军一著：《中国工艺美术大师王金山：缂丝》，江苏美术出版社，2013年。
8. 宗凤英主编：《故宫博物院藏文物珍品大系·明清织

绣》，上海科学技术出版社、商务印书馆，2005年。
9.路甬祥总主编，钱小萍分册主编：《中国传统工艺全集·丝绸织染》，大象出版社，2005年。
10.赵丰主编：《中国丝绸通史》，苏州大学出版社，2005年。

注　释：

［1］沈初：《西清笔记》卷二，『纪名迹』第二十则。

［2］见于国家文物局综合行政管理平台『全国珍贵文物数据库』，数据来源：国家文物局博物馆与社会文物司。

［3］王金山：《缂丝与绘画的关系》，《收藏与投资》2018年第10期。

［4］《中国书画家印鉴款识》，上海博物馆编，文物出版社，1987年，第242页。

［5］中国第一历史档案馆、香港中文大学文物馆合编：《清宫内务府造办处档案总汇》，人民出版社，2005年。

交织恩怨的缂丝印谱册页

——论胡季堂对和珅改变态度的因由及金简生年

◎刘晓天

内容提要：天津市文物交流中心藏《宝典福书》《元音寿牒》缂丝印谱册页等一系列与乾隆帝『福』字、『寿』字御制诗有关的祝寿文物，都表明在乾隆帝在位期间，胡季堂曾与和珅相安无事，但对明代忠烈杨继盛的敬仰表明，胡季堂与和珅的决裂，只是胡季堂怎样选择合适时机的问题而已。

关键词：胡季堂　金简　和珅　杨继盛

天津市文物交流中心藏有缂丝《宝典福书》《元音寿牒》印谱册页两本（以下简称『天津文物本』），册页均长25.7、宽23.5厘米，均为16开，均使用紫檀盖板，一本册页的上盖板刻『御制句宝典福书』，其内印文均出自乾隆帝御制诗中与『福』字有关的诗句，另一本册页的上盖板刻『御制句元音寿牒』，其内印文均出自乾隆帝御制诗中与『寿』字有关的诗句。天津文物本图文细致、做工精美、工艺复杂、用料讲究，是清宫内务府造办处所作的皇家御用缂丝精品佳作，难能可贵的是，天津文物本保留有原装黄色包袱皮。

故宫博物院藏有胡季堂于乾隆五十五年（1790年）向八旬圣寿的乾隆帝进献的缂丝《宝典福书》《元音寿牒》印谱册页（以下简称『胡季堂本』），天津文物本与胡季堂本的最大区别就是没有『万寿八旬大庆乾隆庚戌元旦，臣胡季堂恭进』的款识，根据胡季堂的进献时间，可知天津文物本应是乾隆帝命令造办处于乾隆五十五年按照胡季堂本而作的，完成之后深藏大内，大概率是在清末民初时流出宫外而成为清宫散佚文物。

既然已经有了胡季堂本，那为何乾隆帝还要制作天津文物本呢？胡季堂本与天津文物本之间还有哪些耐人寻味的关联呢？现依据相关资料予以浅显的回答。

胡季堂（1729—1800年），字升夫，号云坡，河南光山人，原礼部侍郎胡煦之子，历任顺天府通判、刑部员外郎、甘肃庆阳知府、甘肃按察使、江苏按察使、刑部侍郎、刑部尚书、山东巡抚、兵部尚书、直隶总督等职，谥号『庄敏』。嘉庆四年（1799年），直隶总督胡季堂首参最受乾隆帝宠信的权臣和珅，助嘉庆帝将其扳倒。

除了胡季堂本，故宫博物院还藏有和珅和金简进献给乾隆帝八旬圣寿的寿礼。和珅的寿礼是『宝典福书』『元音寿牒』青田石组印和素纸印谱册页，金简的寿礼是『宝典福书』『元音寿牒』铜镀金组印和磁青纸印谱册页。胡季堂应该也准备了组印，至于采用何种材质暂时不得而知。

胡季堂、和珅和金简的寿礼的印文均为乾隆帝御制诗中的『福』字、『寿』字有关的诗句，且都是内务府造办处所作，这表明胡季堂与和珅、金简曾为寿礼一事有过密切接触。和珅、金简均长期担任内务府总管大臣，调动造办处资源制作寿礼均易如反掌，那没有担任内务府职务的胡季堂是如何做到这一点的呢？

乾隆帝八旬万寿庆典于乾隆五十三年（1788年）三月到五十五年（1790年）八月筹备，『所有五十五年万寿庆典各事宜，著派阿桂、和珅、刘墉、福长安、胡季堂、金简、李绶、伊龄阿总办，以期经理得宜，用光钜典』[1]。庆典结束后，除了刘墉，其余总办均被乾隆帝嘉奖，『总办庆典之阿桂、和珅、福长安、胡季堂、金简、李绶、伊龄阿，俱著恩加二级』[2]。

与和珅、金简一样，胡季堂是乾隆帝八旬万寿庆典的总办之一，这是胡季堂能够支配内务府造办处的最大加持。为官多年在内务府积累的人脉，也给胡季堂提供了很大的帮助，金简就是其中的一位。

金简（1721[3]—1794年），字可亭，朝鲜族，初隶内务府汉军正黄旗，乾隆十五年（1750年）由内务府笔帖式升主事，十六年任内务府员外郎，三十年任内务府郎中，三十五年任内务府奉宸苑卿，三十七年任总管内务府大臣，三十八年授命办理武英殿监刻各项事宜，充四库全书处副总裁，三十九年任户部员外郎和镶黄旗汉军副都统，四十二年调补户部满右侍郎，四十三年完成编修《四库全书荟要》，署工部尚书，四十五年（1780年）任户部左侍郎，四十六年总理工部事务，四十八年任工部尚书和镶黄旗汉军都统，五十七年任吏部尚书。五十九年十二月，得知金简逝世，乾隆帝发出了『兹闻溘逝，殊为轸惜』[4]的感叹，金简卒年为乾隆五十九年无疑，谥号『勤恪』。

金简父亲三保（?—1743年），曾任内务府郎中、上驷院卿、武备院卿、天津盐政、两淮盐政、长芦盐政等。金简姐姐淑嘉皇贵妃（1713—1755年），原为雍正帝指婚许配给宝亲王弘历的侧福晋。乾隆四年（1739年）生皇四子永珹（1739—1777年），十一年生皇八子永璇（1746—1832年），十七年生皇十一子永瑆（1752—1823年）。作为乾隆帝的宠妃，其所生皇子都是储君的有力竞争者。身份、背景、家世、履历颇为显赫的金简拥有并不亚于和珅的权势、地位和影响力。

胡季堂与包括金简在内的诸多满族大臣有着非同寻常的关系，这从其《六十述怀（其二）》中可以略知一二：

欣逢寿世人多寿，花甲初周尚后生。时冢宰绰信庵、少司寇穆恭庵，年皆七十九；大学士嵇公、总宪阿慎庵，皆七十八；总宪李杏浦七十六；玛少宰、诺少司农，皆七十四；大学士阿公七十二；大司寇喀静庵七十一；大宗伯德定圃、少宰谢金圃，皆七十；冢宰协办大学士刘石庵六十九；大司空金可庭六十八，鹓班趋值，鹤发随肩，仰见寿世作人之盛，诸公视予则后生矣。锦服章身萦彩戏，白云过眼感乡情。当年未得供甘旨，此日何堪设鼎烹。惟有斋心思水木，敢教行谊愧公卿[5]。

胡季堂在六十寿辰的感慨中提到13位年龄长于自己的满汉同僚，『绰信庵』是绰克托，『穆恭庵』是穆精阿，『嵇公』是嵇璜，『阿慎庵』是阿扬阿，『李杏浦』是李绶，『玛少宰』是玛兴阿，『诺少司农』是诺穆亲，『阿公』是阿桂，『喀静庵』是喀宁阿，『德定圃』是德保，『谢金圃』是谢墉，『刘石庵』是刘墉，『金可庭』是金简。除了嵇璜、李绶、谢墉和刘墉，满族大臣多达9位。

『大司空金可庭六十八』是指工部尚书金简在乾隆五十三年（1788年）胡季堂60岁时，已经68岁了，胡季堂生于雍正七年（1729年），据胡季堂所说，金简生年为康熙六十年（1721年）。

工作之余，胡季堂与金简还有私交。胡季堂《夏日金可亭少司农招同曹茅原蒋戟门两少司农姜度香少司寇李杏浦阁学马春榆观察郊园宴集和曹茅原韵四首》[6]《秋日金可亭大司空招游尺五庄次陆丹叔少宗伯曹茅原少司农韵》[7]等诗表明，金简邀请胡季堂出游、唱和，胡季堂给乾隆帝准备寿礼，金简给予方便应在情理之中。

除了金简，胡季堂在内务府还有一位重量级人物可助一臂之力，那就是舒文。舒文，镶黄旗包衣穆进泰后人，是弘历潜邸时的家奴，长年在内务府任职，历任江宁织造、苏州织造、武备院卿、总管内务府大臣、正红旗蒙古副都统、镶黄旗汉军副都统等。舒文于乾隆三十五年至四十三年（1770—1778年）任苏州织造，乾隆三十六年至三十九年（1771—1774年），驻任苏州的江苏按察使胡季堂与舒文多有来往。

胡季堂《除夕前二日增履庵方伯招同舒尚衣斐章保参戎砺堂游灵岩至高义园作》[8]《冬至雪后五日增履庵方伯招同舒尚衣絅斋保参戎砺堂宴集虎丘寺后山即席联句》[9]等诗提到的『舒尚衣斐章』『舒尚衣絅斋』就是指舒文，『尚衣』即『织造』，胡季堂记录了舒文『斐章』『絅斋』等字号，两人交情深厚，一起游历灵岩寺、高义园、虎丘寺等苏州名胜。胡季堂还记有舒文『川原望不穷』『良辰仰化工』『风物总堪夸』『渔火点寒葭』等诗句。离开苏州以后，胡季堂『清襟常念尚衣卿』[10]，《邗上舟次答舒絅斋尚衣寄怀原韵》[11]表明舒文的来信让胡季堂激动不已。

胡季堂于乾隆三十九年（1774年）调职刑部，舒文于四十三年任职内务府武备院，于五十一年出任总管内务府大臣，与和珅、金简共同主管内务府，缂丝工艺对曾为江宁织造、苏州织造的舒文来说是再熟悉不过了，胡季堂用缂丝工艺制作《宝典福书》《元音寿牒》印谱册页是理所当然。胡季堂与舒文自将贮存在苏州织造局的《经解》补刊之后，再次合作成功[12]。

乾隆帝的八旬圣寿庆典并非一帆风顺，和珅、金简和舒文都因庆典前夕紫禁城的一场大火而倒吸一口凉气。乾隆五十五年（1790年）五月十一日，从西华门清茶房、外果房引发的大火，造成乾清宫、中和殿、重华宫、康寿宫、交泰宫等在内的85间房屋受损，大量乐器、经卷被焚毁，『实非寻常疏忽可比』，恼火的乾隆帝召集内务府总管大臣永琅、和珅、福长安、金简、舒文、伊龄阿训话，进行追责，并安排补救措施。

和珅『平素亦未留心稽察，但现在扈跸在外』而侥幸逃过一劫，金简、舒文『在京稽察管束，是其专责，何至漫不经心如此，俱着严行申饬，但金简经营事物较多，且年已七旬，精神或不能料理周到，尚可托辞诿却。至舒文所管之事甚少，自应专心稽察，乃自擢任总管内务府大臣以来，志得意满，并无认真出力之处，今复疏懈至此，殊负委任，若嗣后再不实心经理，仍前忽略，令伊俟之，看朕如何处置，恐舒文不能当其重戾也』[13]。乾隆帝认为此次大火最应该承担责任的就是金简、舒文，但乾隆帝也有所保留，毕竟不能影响即将举办的八旬圣寿庆典，但舒文的仕途确实受到打击。

乾隆帝说金简『年已七旬』表明乾隆五十五年（1790年）金简已经70岁，金简是淑嘉皇贵妃的弟弟，又是永珹、永璇、永瑆三位皇子的舅舅，还是朝中身居要职的大臣，乾隆帝肯定知道金简的年龄，据乾隆帝所说，可知金简的生年为康熙六十年（1721年），这与胡季堂有关金简生年的记载是一致的。

胡季堂与和珅为筹备乾隆帝八旬圣寿足足共事两年五个月，两人相安无事，为寿礼一事心有灵犀，胡季堂为政灵活、务实的态度，可见一斑。在乾隆帝的安排下，胡季堂参与乾隆帝八旬万寿庆典，这对胡季堂来说是最具份量的，为胡季堂渗透内务府造办处铺平了道路。

胡季堂本从酝酿到呱呱落地，直至进献，和珅都如影随形，胡季堂本的前世今生注定天津文物本无法摆脱和珅而独善其身。胡季堂与和珅曾经默契配合，似乎很难想到二人最后的决裂，如果过早决裂，就不会有胡季堂本，更不会有天津文物本了。胡季堂本不仅仅是胡季堂为乾隆帝准备的寿礼，也是胡季堂着力结交、经营舒文、金简等满族大臣的见证。

天津文物本象征着乾隆帝对胡季堂的认可与肯定，是对胡季堂寿礼的积极回应和褒奖，必将激励胡季堂为捍卫清王朝的长治久安而贡献自己的力量，天津文物本犹如乾隆帝的鼓励，对胡季堂而言，就是选择时机的问题了。

二

出色的能力与业绩是乾隆帝欣赏、提拔胡季堂最重要的原因，但胡季堂父亲胡煦的过往经历确实为胡季堂的起步打下了很好的基础，胡季堂的成长背负了父亲胡煦和乾隆帝的双重殷切希望。

胡煦（1655—1736年），字沧晓，号紫弦，河南光山（今河南光山县）人，清代易学大家。康熙十三年（1674年）中举，三十五年以举人身份参与编修《光山县志》，四十二年赴安阳任职教谕，五十一年进士，成为庶吉士，五十二年成为检讨，五十六年任湖广乡试正考官，雍正元年任内阁学士兼礼部侍郎，四年任兵部右侍郎，六年协理副都御史事、协办刑部侍郎事，八年任《明史》总裁之一。

胡煦一生有两大高光时刻，一个是在康熙年间，在澹宁居和乾清宫，七次与康熙帝探讨《易经》，被康熙帝赞为『真苦心读书人』[14]；另一个是在雍正年间成为弘历的师傅。

雍正八年（1730年），尚在潜邸的弘历将其所作的部分诗文编辑为《乐善堂文钞》（又称《庚戌文钞》），胡煦为作序者之一，『……煦于乐善堂之文钞独有深契焉，盖乐善堂皇四子馆课文也。皇四子无日不酌古准今，朝吟暮诵，无日不构思抽秘，据案舒毫，如是久久所作，不啻千余爰，叙次甲乙，聚而成帙，煦于雍正八年六月内奉命在皇子书房行走，因得日亲仪表，细领嘉文，总由积学广博，兴寄宏敞，高步远追，扩然无垠，用能漱六经之芳润，根柢道要增益光芒，挥洒于片楮尺幅中，俾读之者，志翔神豁，应接不暇，如登大雅之堂，而天球河图之萃然燦陈也，如聆韶濩之音，而金石丝竹之翕然竞奏也，如观多宝之藏，而奇珍异品之骇目惊心，其出不穷也，故可以振颓懦，可以维风俗，可以绍前圣，可以诏来兹，将于斯文乎，是赖又奚，必韩潮苏海，燕许如椽，始克愉心，称观止哉……』[15]

胡煦以相当多的篇幅高度评价弘历的为学态度以及诗文的文采和水平后，也指出自己一个十分重要的身份，『于雍正八年六月内奉命在皇子书房行走』，雍正八年（1730年）雍正帝命胡煦成为弘历的师傅，足见雍正帝对胡煦的信任，这是胡煦能够作序的缘由，胡煦与弘历『独有深契』的师生之情也成为乾隆帝毕生的『眷念』。

乾隆元年（1736年）八月，『原任侍郎胡煦，年逾八旬，服官年久，著赏给原衔回籍。……幼子胡季堂，赏给荫生，入监读书，以示朕眷念旧臣之至意』[16]。乾隆帝妥善安排胡煦的晚年，幼子胡季堂成为『荫生』进入国子监读书，至此，胡季堂进入乾隆帝的视野。不久，胡煦逝世，乾隆帝拨款治丧，予以抚恤、祭祀，『赏故原任礼部侍郎胡煦，内库银五百两，经理丧事，并照例予恤』[17]。『予故礼部左侍郎胡煦祭一次』[18]。二十五年十二月，胡煦得以『入祀该籍乡贤祠』[19]。编纂《四库全书》开始征集图书后，乾隆帝亲自过问胡煦著作的征集情况：『朕披阅之下，因忆籍隶该省之原任侍郎胡煦，平素究心理学，曾有著述，朕所深知，今单内并不见其姓名，则此外之似此遗漏者，当复不少。』[20]之后，胡季堂进献了父亲的著作《周易函书约注》《周易函书约存》《周易函书别集》《卜法详考》等都被收入《四库全书》。五十九年十一月，乾隆帝赐谥胡煦，『原任礼部侍郎胡煦，苦志读书，究心理学，著有周易函书，采入四库全书经部，尚为积学之臣，从前因其官止侍郎，例不予谥，第念伊曾在尚书房行走，今伊子胡季堂用至刑部尚书，胡煦已得尚书封典，著加恩补行赐谥，以示眷念耆旧，奖励儒臣至意，寻赐谥文良』[21]。胡煦能够赐谥与自身的学术成就有关，与『帝师』身份有关，与胡季堂在政坛的崛起有关。

康熙帝、雍正帝和乾隆帝三代帝王对父亲胡煦的礼遇和恩典，尤其是在胡煦逝世以后，乾隆帝对胡煦的关照，胡季堂全都深有体会，必然绝对忠诚于乾隆帝，胡季堂本不仅是胡季堂的寿礼，更是胡季堂早已过世的父亲胡煦的寿礼，胡煦、胡季堂父子是衷心祝愿乾隆帝『福如东海』『寿比南山』。

乾隆帝对恩师胡煦心存感激，感念上苍赐予的与胡煦的缘分，铭记胡煦的谆谆教诲，天津文物本是乾隆帝长久眷念胡煦、始终关注胡季堂的自然情感流露的必然产物，天下苍生、黎民百姓皆深知乾隆帝践行尊师重教、奖掖后进的本心。重礼、重情、重教的乾隆帝使天津文物本透着浓浓的人情味，也将这段不为人知的师生情得以默默流传。

三

乾隆三十四年（1769年）秋九月，在一次办差中路过甘肃临洮，对胡季堂的一生都产生了重大影响。胡季堂从当地人口中得知杨继盛在临洮兴学重教，用自己的俸禄建立书院，『日聚生徒讲学其中』，典当夫人首饰，『置田如千亩为诸生膏火，资洮之士，至今赖之』，『他如开煤窑便民炊爨，引洮水利民灌溉，去浮粮清积弊，其善政不可谓不多。然在狄道不过期年耳，而所为乃如是』。狄道是临洮的古称，杨继盛在临洮一年左右的时间，竟然带给临洮巨变而泽被后世、千古流芳，深深震撼了胡季堂。

杨继盛（1515—1555年），字仲芳，别号椒山，河北容城（今保定）人。明朝中期著名谏臣。自幼家境贫寒，但学习刻苦，明嘉靖二十六年（1547年）进士，任南京吏部主事、兵部员外郎等，入仕后，忠义耿直，嫉恶如仇，刚正不阿。二十九年，因反对仇鸾与蒙古开通马市而入狱，后被贬为狄道（今甘肃临洮县）典史。『为官一任，造福一方』，在狄道期间，杨继盛不辞辛苦，与当地百姓一起，建『超然学院』以重教化；疏浚河道以灌溉农田、种植蔬菜；开山挖煤，核查人口、土地、赋税数量等兴利除弊以减轻百姓负担，传授纺织技术、提高当地特产羊毛的收购价以增加百姓收入。三十二年，杨继盛义无反顾，弹劾严嵩，返遭诬陷入狱，受到严刑拷打。三十四年，杨继盛遇害。隆庆元年（1567年），杨继盛沉冤得雪，明穆宗追赠为太常少卿，谥号『忠愍』。

居庙堂之高，杨继盛敢于直言进谏，敢于触怒龙鳞，处江湖之远，杨继盛为民请命，为民办事，遇到挫折，没有『颓然放旷』，『多怨望悲愤』，即便『幸而起用』，也不『缄默苟容』，杨继盛自始至终都出于公心，忧国忧民，『不以升沈荣辱动其心，不以死生祸福易其操』，为了朝政清明、国家安宁、百姓安康，放下个人的荣辱得失，将生死置之度外，『孤忠报国』[22]，不畏强权。胡季堂由衷地敬佩敢言能干的杨继盛，为了将杨继盛的浩然正气发扬光大，胡季堂着实费了一番苦心。

乾隆三十八年（1773年）胡季堂在杨继盛行书《临米芾汉十八侯铭》卷中题跋道：『忠直之气，至今凛凛』，『大节则不可夺也』，『敬其人，因重其书，谨装池而藏之』[23]。胡季堂是因为敬重杨继盛收藏此件作品的。五十一年为杨继盛后人手中的杨继盛行书《谕妻谕儿遗书》卷（河北省容城县档案馆藏）题跋：『碎衣折槛奇男子，取义成仁大丈夫。一息尚存犹手训，从容不计旅魂孤。』『碎衣』是指陈禾为了弹劾童贯拉碎宋徽宗的衣襟，『折槛』是指朱云折断栏杆恳请汉成帝处死安昌侯张禹。同样是冒死进谏，陈禾与朱云均得幸免，但杨继盛生不逢时，遭遇不幸，让人唏嘘不已。胡季堂引经据典，为杨继盛鸣不平。

乾隆五十二年（1787年），胡季堂得知杨继盛在京师的住所就是城隍庙『松筠庵』后，与多位同僚集资在原地新建『杨椒山祠堂』，并捐赠香火钱，胡季堂认为既然是纪念、彰显、供奉杨继盛及其牌位，就应该摆放杨继盛塑像，而不再是城隍神像。为了弥补这一缺憾，五十七年，胡季堂特意通过同僚从杨继盛家乡容城取得杨继盛遗像，予以临摹，又将所摹画像带到苏州铸成塑像，五十八年初冬，杨继盛塑像从水路来京，胡季堂见之，与画像无异，即供奉于松筠庵中，多年的心愿得以达成，杨椒山祠堂名副其实。嘉庆二年（1797年），松筠庵内树立由胡季堂撰文、并请刘墉书丹的『杨忠愍公塑像纪事碑』，胡季堂将在甘肃临洮关于杨继盛的所见所闻，及为杨继盛修祠、取像、摹像、铸像、易像等细节均娓娓道来，背后用意已然昭然若揭。

虽然和珅权势日益膨胀，但狠参仇鸾、严嵩的杨继盛的香火也因胡季堂等人的努力而越烧越旺，联袂和珅才有的寿礼，并不能缓解胡季堂和和珅的根本矛盾，一场胡季堂与和珅的决战即将打响。

嘉庆三年（1798年）年初，乾隆帝经过一番权衡后，决定由胡季堂出任直隶总督，『直隶总督梁肯堂，年已衰迈，于地方吏治，不能整顿……而直隶为畿辅重地，亟须另简以资治理。现在外省督抚，堪以胜此任者，不得其人，部院大臣中胡季堂办事尚属干练，著补授直隶总督，即赴新任，率同藩司吴熊光等，实力整饬』[24]。胡季堂带着强力整顿吏治的任务出任直隶总督，但却秘密搜查和珅的罪证。

嘉庆四年（1799年）正月初三日，乾隆帝逝世，嘉庆帝立即软禁和珅，早有准备的胡季堂根据嘉庆帝旨意第一个参奏和珅，『昨经降旨，将和珅罪状宣谕各督抚令其议罪，兹据直隶总督胡季堂奏称，和珅丧尽天良，非复人类，种种悖逆不臣，蠹国病民，几同川楚贼匪，贪黩放荡，真一无耻小人，丧心病狂，目无君上，请依大逆律凌迟处死，并查出和珅蓟州坟茔僭妄违制，及附近州县置有当铺资财』。胡季堂对和珅道德品格予以全面否定，并提供证物，要求嘉庆帝处死和珅。嘉庆帝还嫌不够，总结出和珅有二十大罪状，并要求各级各地官员效仿胡季堂参奏和珅。『著将胡季堂原摺，发交在京文武三品以上官员，并翰詹科道阅看，即著悉心妥议具奏。』[25]正月十八日，和珅被赐自尽。经过多年的等待和忍耐，和珅终于倒台，但胡季堂没有重复杨继盛般的冤死。

结语

乾隆五十五年（1790年），清王朝以举国之力为乾隆帝举办八旬圣寿庆典，与大贪官和珅同为庆典总办的胡季堂在嘉庆帝掌握实权后参奏和珅，选择在和珅的靠山乾隆帝死后弹劾和珅是胡季堂综合考量现实和处境的必然结果。

乾隆帝作为父亲胡煦的学生，某种意义说，弹劾和珅，就是反对乾隆帝，就是反对自己的父亲，这是胡季堂不可能去做的，而且乾隆帝对胡季堂也是恩宠不断，乾隆帝的帝王心术牢牢抓住了胡季堂的软肋，天津文物本等在内一系列手段让胡季堂难以下定决心，让和珅的诸多危机都被纵横捭阖的乾隆帝主动提前化解。

胡季堂长期在刑部任职，对和珅的贪赃枉法必定多有耳闻，但伴君如伴虎，钱沣、曹锡宝、尹壮图等多位正直的官员都因乾隆帝袒护和珅而遭到打击报复，胡季堂必定吸取杨继盛和同僚的教训，不会贸然出击。

胡季堂以为杨继盛修祠、鉴赏杨继盛书法、为杨继盛撰文等相对隐晦的方式来表达对和珅的不满和厌恶，胡季堂与和珅保持距离，但共事时也能融洽，这也导致胡季堂本天津文物本必将深深烙下和珅的痕迹。

胡季堂本倾注了胡季堂，并代表了父亲胡煦对乾隆帝的真情实感，但为了维护清王朝的根本利益，胡季堂将和珅视为大敌，将义不容辞为清王朝铲除毒瘤和珅作为己任。天津文物本体现了乾隆帝对胡煦、胡季堂父子的深情厚谊，对胡煦满怀回忆，对胡季堂满是寄托。胡季堂必定不会辜负乾隆帝的栽培，他在合适的时机做出针对和珅致命一击的抉择。

和珅倒台后，清王朝并没有因为胡季堂的努力而重新振作。道光二十年（1840年），和珅死后的第四十一年，也就是乾隆帝八旬圣寿庆典之后的第五十年，鸦片战争爆发。

注释：

[1]《清高宗实录》乾隆五十三年三月上。

[2]《清高宗实录》乾隆五十五年十月下。

[3]金简生年长期失载，拙文依据两则史料确认金简生年为清康熙六十年（1721年）。

[4]《清高宗实录》乾隆五十九年十二月下。

[5]〔清〕胡季堂：《培荫轩诗集·培荫轩文集·培荫轩杂记》，河北教育出版社，2020年，第148页。

[6]〔清〕胡季堂：《培荫轩诗集·培荫轩文集·培荫轩杂记》，河北教育出版社，2020年，第116—117页。

[7]〔清〕胡季堂：《培荫轩诗集·培荫轩文集·培荫轩杂记》，河北教育出版社，2020年，第126—127页。

[8]〔清〕胡季堂：《培荫轩诗集·培荫轩文集·培荫轩杂记》，河北教育出版社，2020年，第50页。

[9]〔清〕胡季堂：《培荫轩诗集·培荫轩文集·培荫轩杂记》，河北教育出版社，2020年，第61页。

[10]〔清〕胡季堂：《培荫轩诗集·培荫轩文集·培荫轩杂记》，河北教育出版社，2020年，第86页。

[11]〔清〕胡季堂：《培荫轩诗集·培荫轩文集·培荫轩杂记》，河北教育出版社，2020年，第88至89页。

[12]详见杨国彭：《胡季堂与〈通志堂经解〉的补刊》，《文献》2019年第1期。

[13]《清高宗实录》乾隆五十五年五月上。

[14]（光绪）《光州志》卷十二、卷九，清光绪十三年（1887年）刊本。

[15]《御制乐善堂全集定本》庚戌年原序。

[16]《清高宗实录》乾隆元年八月下。

[17]《清高宗实录》乾隆元年九月上。

[18]《清高宗实录》乾隆元年十二月上。

[19]《清高宗实录》乾隆二十五年十二月上。

[20]《清高宗实录》乾隆三十七年十一月下。

[21]《清高宗实录》乾隆五十九年十一月下。

[22]〔清〕胡季堂：《培荫轩诗集·培荫轩文集·培荫轩杂记》，河北教育出版社，2020年，第220页。

［23］见国家图书馆藏杨继盛行书《临米芾汉十八侯铭》石刻拓片。

［24］《清高宗实录》嘉庆三年戊午春正月。

［25］《清仁宗实录》嘉庆四年正月上。

《宝典福书》《元音寿牒》印文全览

◎赵　磊　整理

表一　《宝典福书》印文

	印文	原句	诗文名	出处
第1开	五福敷锡	五福敷锡，万国咸宁	《宫殿四铭（有序）》	《御制文初集》卷二十七
	福已兼福人	福已兼福人，宇内致雍熙	《四帝诗（有序）》之《金世宗》	《御制诗二集》卷三十三
	锡福和且平	锡福和且平，愿共斯民庆	《祈谷斋居》	《御制诗二集》卷二十二
	降福穰穰	神之格思，降福穰穰	《冬至有事于南郊敬成八章章八句》	《御制诗初集》卷二
		我受命溥将，降福穰穰	《福禄寿三星赞》之《福》	《御制文初集》卷二十八
	敛福锡群黎	秩宗尊百祀，敛福锡群黎	《辛酉仲春祭社稷坛》	《御制诗初集》卷五
	何以福苍生	每当前席问，何以福苍生	《赐大学士赵国麟》	《御制诗初集》卷三
	以集厥福	瞻仰昊穹，以集厥福	《斋宫六章章十四句》	《御制诗初集》卷九
	爰嘏福履	爰登簠簋，爰嘏福履，礼也	《哨鹿赋（有序）》	《御制文初集》卷二十四
第2开	元宵百福并	元宵百福并，周诗空炫绮	《元宵联句（浮圆子都人以元宵节食之遂名元宵）》	《御制诗初集》卷十二
	新年景福如川御	新年景福如川御，田烛光中玉叠鳞	《上辛日祈谷坛礼成纪事》	《御制诗初集》卷二十四
	福我民兮	虹堤一线兮安堵，福我民兮于昭	《浙海神庙碑文》	《御制文初集》卷十九
	卍福共春来	三阳先月应，万福共春来	《立春日春帖子》	《御制诗二集》卷七
	福自天锡	醉饮饱食，敬与黄教，福自天锡	《平定准噶尔勒铭伊犁之碑》	《御制文初集》卷十九
	百福昌昌入凤城	东皇鼓吹连宵发，百福昌昌入凤城	《咏爆竹》	《御制诗初集》卷二十

续表一

	印文	原句	诗文名	出处
第2开	长期福禄佑尘寰	闻道地灵神所宅，长期福履佑尘寰	《写雾轩（在丫髻山有天仙庙）》	《御制诗初集》卷十一
	邓尉光福相连延	邓尉光福相连延，白银界里青峰攒	《吴山十六景（吴人张宗苍画）》之《光福山桥》	《御制诗二集》卷二十四
	知止全身福	雄谈悟应侯，知止全身福	《咏史》	《御制诗二集》卷二十二
	锡兹介福	灵贶孔时，锡兹介福	《重建泰山神庙碑文》	《御制文初集》卷十六
	福履卍年绥	缵承奕祀勉，福履万年绥	《避暑山庄百韵诗（有序）》	《御制诗初集》卷四十三
第3开	丰实予之福	歉实予之咎，丰实予之福	《过定兴》	《御制诗二集》卷十五
	善作心田福自申	祥征仙木丰为瑞，善作心田福自申	《壬申元旦》	《御制诗二集》卷三十一
	有秋蚤幸天锡福	今春灵雨复频零，有秋早幸天锡福	《进宫见路旁禾麦喜而有作》	《御制诗初集》卷十五
	白鹤紫霄皆福地	白鹤紫霄皆福地，枚皋赵嘏两词人	《清江浦》	《御制诗二集》卷二十三
	景福希邀奕叶绵	律元应候韶成九，景福希邀奕叶绵	《鼎新南郊告成正值长至大祀九奏葳韶七言纪什》	《御制诗二集》卷四十四
第4开	从禽屡获福还申	引马折旋嗔莫犯，从禽屡获福还申	《蒙古土风杂咏十二首（有序）》之《鄂博》	《御制诗二集》卷五十一
	如是则福	如是则福，如是则祸	《协纪辨方书序》	《御制文初集》卷十
	临轩书福庆恩昭	近始藩屏逮百僚，临轩书福庆恩昭	《书福诗》	《御制诗二集》卷十三
	得教福地续琅书	已是洞天传玉简，得教福地续琅书	《再题避暑山庄三十六景诗（有序）》之《永恬居》	《御制诗二集》卷五十
		故永恬居之诗曰：已是洞天传玉简，得教福地续琅书	《避暑山庄后序》	《御制文二集》卷十七
	获庄严福果	庄严获福果，俗僧多诞谩	《甘露寺和苏轼韵》	《御制诗二集》卷二十三
	岂非天下福	人尽返淳风，岂非天下福	《清可轩》	《御制诗二集》卷三十三
	洞天福地列第九	洞天福地列第九，丈人窃书传童谣	《吴山十六景（吴人张宗苍画）》之《包山奇石》	《御制诗二集》卷二十四

续表一

	印文	原句	诗文名	出处
第4开	光福即空同	设如拟御寇，光福即崆峒	《邓尉山恭瞻皇祖题额松风水月四字各得八句以题为韵》之《风》	《御制诗二集》卷六十九
第5开	在沙福禄来	裁锦浮沉动，在沙福禄来	《和李峤杂咏诗百二十首韵（有序）》之《凫》	《御制诗二集》卷五十八
	周易分明注福兼	心殷保泰戒鸣豫，周易分明注福谦	《同豫轩得句》	《御制诗二集》卷六十六
	五福锡民钦扆负	五福锡民钦扆负，九歌颁政慎衣垂	《丙子元旦》	《御制诗二集》卷六十
	沂合东皇卍福禔	春台此日众同跻，沂合东皇万福禔	《重华宫新正》	《御制诗二集》卷七十五
	福地无双擅地灵	好春如绘迎春驭，福地无双擅地灵	《金山叠旧作韵》	《御制诗二集》卷六十八
	上日前期福履申	柳舒花放正良辰，上日前期福履申	《上巳日凯宴成功诸将士（有序）》	《御制诗三集》卷四
	和气一家时敛福	和气一家时敛福，便因敷锡万方民	《乾清宫宴亲藩即席赋句》	《御制诗二集》卷五十四
	安然福九垓	恒此南巡御，安然福九垓	《题安福舻》	《御制诗三集》卷十二
第6开	农扈有厚福	灵台非舛测，农扈有厚福	《热》	《御制诗二集》卷八十九
	东皇福与然灯似	东皇福与燃灯似，万亿无央锡兆民	《上元灯词》	《御制诗二集》卷八十三
	庆洽占年景福禔	祥花瑞叶玉楼栖，庆恰占年景福禔	《元正太和殿朝会庸作歌》	《御制诗三集》卷一
	战则克而祭受福	盖因天地之利，习军旅之劳，战则克而祭受福	《盛京赋（有序）》	《御制文初集》卷二十三
	万年福永茂	万年福永茂，一脉气弥亲	《孟冬时享太庙》	《御制诗二集》卷九十
	景福昌昌开泰始	景福昌昌开泰始，韶华衮衮报春来	《立春日春帖子》	《御制诗初集》卷二十四
	上下情亲福禄长	诗人寓义分明会，上下情亲福禄长	《题王榖祥仿夏森画册二十六帧》之《在梁与咏》	《御制诗三集》卷三十一
	以招百福繁生息	穹庐玉醴斯陈席，以招百福繁生息	《碧玉盘谣》	《御制诗三集》卷二十九
第7开	豫日符年福卜几	祭朝如月瑞诚稀，预日符年福卜几	《预日诣斋宫叠去岁韵》	《御制诗三集》卷四

	印文	原句	诗文名	出处
第7开	欢同百福成	六位符中正，欢同百福成	《集张照春联字为春朝吉语得诗十七首（有序）》	《御制诗三集》卷三十五
	于万斯年恒保此福	以幸获五代同堂之庆，于万斯年恒保此福	《五福五代堂记》	《御制文二集》卷十五
	时若虔祈锡福仍	便途瞻礼钦明赫，时若虔祈锡福仍	《东岳庙瞻礼》	《御制诗三集》卷二十九
	福禄寿原修为已	福禄寿原修为已，正刚柔那乂勤民	《咏嘉靖雕漆三星盒》	《御制诗四集》卷五十五
	肯构亿年延福履	肯构亿年延福履，承天万国奉元正	《岁朝图联句（有序）》	《御制诗三集》卷二十七
	千祥万福萃元正	江砚松笺重试笔，千祥万福萃元正	《元旦试笔》	《御制诗三集》卷三十五
	敬已勤民吁天福	势匪地利实人和，敬已勤民吁天福	《密云行》	《御制诗二集》卷八十八
第8开	勇将归来兼福将	勇将归来兼福将，韎衣着得解戎衣	《二月廿七日郊劳出征将军兆惠富德及诸将士礼成纪事》	《御制诗三集》卷三
	灵河翕兮福万世	饫苾芬兮虔报祀，灵河翕兮福万世	《重修惠济祠碑》	《御制文初集》卷十八
	雷霆亦福	所贵中节，雷霆亦福	《七情箴》之《怒》	《御制文初集》卷二十六
	恰与安福为清陪	似为邓尉报佳信，恰与安福为清陪	《盆梅》	《御制诗三集》卷十九
	洪范有言敛时五福敷锡庶民	洪范有言：敛时五福，敷锡庶民	《建福宫赋》	《御制文初集》卷二十三
	福佑三千与大千	龙池庆邸鹿王筵，福佑三千与大千	《刘松年东山丝竹图》	《御制诗三集》卷三十五
	佐天福万民	镇地奠千劫，佐天福万民	《祭北镇医巫闾山》	《御制诗四集》卷五十二
	恺乐韶年百福迎	布茵东壁共歌赓，恺乐韶年百福迎	《重华宫曲宴内廷大学士翰林等雪象联句并成二律》	《御制诗三集》卷四十三
第9开	岁收即是君臣福	岁收即是君臣福，民乐多缘风雨调	《紫泉行宫赐随营诸臣及直隶各官食》	《御制诗三集》卷四十四
	合与金仙作福田	苍松轶轧无涯际，合与金仙作福田	《万松寺三首》	《御制诗三集》卷八十
	福履永绵长	都将祝慈豫，福履永绵长	《乐寿堂》	《御制诗三集》卷五十四

开	印文	原句	诗文名	出处
第9开	施惠需云受福宜	行时阳气资生始，施惠需云受福宜	《上元前赐宴外藩即席成什》	《御制诗四集》卷十八
	蓬岛瑶台福海中	蓬岛瑶台福海中，往来只藉舟相通	《蓬岛瑶台》	《御制诗四集》卷三
	普诸福缘	虔诚祝厘，普诸福缘	《宝相寺碑文》	《御制文二集》卷二十六
	卍福自骈臻	百昌逢七始，万福自骈臻	《壬辰春帖子》	《御制诗四集》卷一
	福覃九宇中	功肇三农久，福覃九寓中	《仲春祭社稷坛礼成述事》	《御制诗四集》卷四十六
	告汝种福因	及登彼岸已，乃适得本来，告尔种福因	《阐福寺碑文》	《御制文初集》卷十六
	烟凝卍福臻	宝鼎焫香柏，烟凝万福臻	《除夕》	《御制诗三集》卷八十四
	求福不唐捐	万行齐完满，求福不唐捐	《普乐寺碑记》	《御制文二集》卷二十六
第10开	处世惜福胥例此	为学为文胡不然，处世惜福胥例此	《过界湖楼有会》	《御制诗四集》卷八十二
	玉兰花号五福树	玉兰花号五福树，昨岁拈毫与吟顾	《五福堂对玉兰花叠去岁诗韵》	《御制诗五集》卷三十八
	育物敢忘锡福筹	巡方为重久安策，育物敢忘锡福筹	《御安福舻》	《御制诗三集》卷四十六
	养此寸田福万民	清娱欲得心无滓，养此寸田福万民	《题清娱室》	《御制诗四集》卷八十三
	不似似中五福首	不似似中五福首，窗明几净伴清供	《题汪承霈画二幅》	《御制诗五集》卷三十九
第11开	永膺福庆	是继是绳，永膺福庆	《宁寿宫铭》	《御制文二集》卷三十八
	庆为苍生迓福骈	依然仙木正衙悬，庆为苍生迓福骈	《元旦试笔》	《御制诗四集》卷四十五
	绥履福农田	瓣香泯别祝，绥履福农田	《谒显佑宫》	《御制诗四集》卷九十九
	允执福黎蒸	心君泰然处，允执福黎蒸	《赋得心如止水（得澄字八韵散馆题）》	《御制诗五集》卷九
	福德无涯	风恬浪静，福德无涯	《观音像赞》	《御制文二集》卷四十四
	锡福元正被六霙	蒙恩践阼开七帙，锡福元正被六霙	《祈谷礼成述事》	《御制诗四集》卷六十六
	祥征滋茂福苍生	卯岁祈年逢卯日，祥征滋茂福苍生	《祈谷礼成述事》	《御制诗二集》卷八十三
	欣蒙元旦福如几	望过三冬泽犹靳，欣蒙元旦福如几	《元旦日雪》	《御制诗四集》卷六十五

	印文	原句	诗文名	出处
第12开	凡此诸福众生自有	凡此诸福，众生自有	《阐福寺碑文》	《御制文初集》卷十六
	大地回春福如海	大地回春福如海，层楼挂月玉为绳	《上元前夕小宴亲藩有作》	《御制诗三集》卷九十四
	世世钦遵福永膺	万年国运栽培厚，世世钦遵福永膺	《全韵诗下平声十五首》	《御制诗四集》卷四十八
	为祝吾民福履绥	顺时行庆宁娱己，为祝吾民福履绥	《上元灯词》	《御制诗五集》卷四十四
	福田斯永	立体于静，福田斯永	《古砚铭（有序）》	《御制文初集》卷二十七
	叙是五伦敛时五福以建皇极	叙是五伦，敛时五福，以建皇极	《皇建其有极敛时五福用敷锡厥庶民》	《御制文二集》卷一
	贞符首庆福吾民	令节晴和气闾阎，贞符首庆福吾民	《人日》	《御制诗二集》卷七十五
	福海一百顷	福海一百顷，周遭十一桥	《泛月杂兴用陆游诗落景余清晖轻桡弄溪渚以句为韵赋诗原韵》	《御制诗三集》卷二十五
第13开	揭绎五福具深义	揭绎五福具深义，皇考筑堂额祖赐	《五福堂对玉兰花二十韵》	《御制诗五集》卷二十九
	听之天锡福	宵雅颂以恒，听之天锡福	《问月楼有会》	《御制诗五集》卷二十六
	昌昌福迓有壬林	亹亹心存无暇逸，昌昌福迓有壬林	《元旦试笔》	《御制诗四集》卷三十三
	富者福也花无万	富者福也花无万，繁英恰与先春期	《五福堂对玉兰花叠去岁诗韵》	《御制诗五集》卷三十八
	额手天锡福	直隶如河南，额手天锡福	《麦价》	《御制诗四集》卷十四
	基福即于斯	基福即于斯，创业天命受	《赫图阿拉》	《御制诗四集》卷九十九
	余日享清福	允宜归大政，余日享清福	《题养性殿》	《御制诗四集》卷三十三
	永资福锡卍民邀	四字徽称晋伸悃，永资福锡万民邀	《命晋增天后徽称诗以昭灵志谢》	《御制诗五集》卷四十
第14开	祈民福佑多	路便申瞻礼，祈民福佑多	《香林院瞻礼》	《御制诗四集》卷三十六
	安福愿同民	永维题额义，安福愿同民	《题安福胪》	《御制诗四集》卷三十五
	邀庥奕叶福斯民	审理酌情垂典则，邀庥奕叶福斯民	《元旦试笔》	《御制诗四集》卷八十五
	首岁福征传	章嘉梵语识，首岁福征传	《题大西天草书萨尔瓦莽噶拉穆汉语译为普吉祥玉印六韵》	《御制诗四集》卷八十五

续表一

	印文	原句	诗文名	出处
第 14 开	各各受诸福	自性悉清净，各各受诸福	《阐福寺碑文》	《御制文初集》卷十六
	见说福资三乘力	见说福资三乘力，只图慈济万灵熙	《札什伦布庙再叠庚子韵》	《御制诗四集》卷九十一
	种福德田	普种福德田，普荫如意树	《普乐寺碑记》	《御制文二集》卷二十六
	洵为福出群	设果愿能副，洵为福出群	《题倦勤斋》	《御制诗五集》卷二十八
第 15 开	咸得福庆	咸得福庆，安乐老寿	《阐福寺碑文》	《御制文初集》卷十六
	所愿绥丰福九有	我独箕畴审省从，所愿绥丰福九有	《旧端石骊珠砚歌》	《御制诗四集》卷五十
	五福备矣然乎然	五福备矣然乎然，春秋徒曰八千年	《五福堂对玉兰花叠去岁诗韵》	《御制诗五集》卷三十八
	绥将福禄	俭德之共，绥将福禄	《列代贤明妃后垂称奕世者取绘十二系以赞》之《马后练衣》	《御制文初集》卷二十八
	天然多福	天然多福，久弃乾清	《旧端石多福砚铭》	《御制文二集》卷四十
	愿阐福之门	况当春以始，愿阐福之门	《题涵元殿》	《御制诗四集》卷七十七
	斯苍生之多福即予一人之多福	斯苍生之多福，即予一人之多福，永与薄海而共之	《多福砚铭》	《御制文初集》卷二十七
	是为福德聚	同一清净性，是为福德聚	《阐福寺碑文》	《御制文初集》卷十六

表二 《元音寿牒》印文

	印文	原句	诗文名	出处
第 1 开	万寿无疆	拜手稽首兮于王庭，万寿无疆兮久道成	《四时勤政赋》	《乐善堂全集》卷十五 《乐善堂全集定本》卷十一
		天保定尔，万寿无疆	《福禄寿三星赞》之《寿》	《御制文初集》卷二十八
	寿身兼寿世	寿身兼寿世，长佐太平基	《大学士福敏七十寿辰诗以赐之》	《御制诗初集》卷九

续表二

	印文	原句	诗文名	出处
第1开	亥字书年寿世长	辛盘应节宜春好，亥字书年寿世长	《新春试笔》	《御制诗初集》卷十二
	嘉名万寿荐寿尊	金英落砌犹堪餐，嘉名万寿荐寿樽	《题邹一桂百花卷》	《御制诗初集》卷十二
	寿世共春台	老人书亥字，寿世共春台	《乙亥春帖子》	《御制诗二集》卷五十三
	太平克壮寿骈臻	予有折冲曰御侮，泰平克壮寿骈臻	《九老会诗（有序）》	《御制诗三集》卷十六
	东皇善锡无量寿	亿万人增亿万年，东皇善锡无量寿	《新正试笔》	《御制诗二集》卷十四
	已勒琬琰寿	前度示训言，已勒琬琰寿	《四依皇祖示江南大小诸吏韵》	《御制诗三集》卷四十五
第2开	亓寿无量	曾见威音，其寿无量	《唐贯休十八罗汉赞》之《第七嘎纳嘎巴萨尊者》	《御制文初集》卷二十九
	寿阅百千岁	寿阅百千岁，宾延十八公	《融神精舍咏松》	《御制诗四集》卷二十九
	寿民寿妇本常披	寿民寿妇本常披，百岁同登鲜见之	《亳州寿民陈洪如寿百六岁妻王百一岁诗以纪瑞》	《御制诗四集》卷六十五
	寿为福先语可思	老当益壮语非欺，寿为福先语可思	《五福堂对玉兰花叠去岁诗韵》	《御制诗五集》卷三十八
	寿过赫胥及骊连	入土出土各万年，寿过赫胥及骊连	《汉玉璧》	《御制诗三集》卷五
	奉觞起上寿	尊卑各以次，奉觞起上寿	《读叔孙通传》	《御制诗二集》卷三十三
	所嘉彼亦知献寿	不宝厚往致频来，所嘉彼亦知献寿	《咏龙泉盘子（有序）》	《御制诗三集》卷九十二
	阅几沧桑静以寿	入土出土千余年，阅几沧桑静以寿	《汉玉屏风歌》	《御制诗初集》卷三十
第3开	屠苏延寿玉为觞	宝胜宜春银作帖，屠苏延寿玉为觞	《乙丑元旦》	《御制诗初集》卷二十四
	俾寿而臧	俾庶而富，俾寿而臧	《重建泰山神庙碑文》	《御制文初集》卷十六
	丁甲呵持自能寿	不必什袭夸鉴藏，丁甲呵持自能寿	《黄子久山居图》	《御制诗初集》卷三十
	座对南山是寿山	营临西水诚瑶水，座对南山是寿山	《八月十三日作》	《御制诗二集》卷五十二
	恰喜天香映寿筵	金秋丽日霁光鲜，恰喜天香映寿筵	《桂》	《御制诗二集》卷三十六
	世共登仁寿	庶几休以息，世共登仁寿	《三依皇祖示江南大小诸吏韵》	《御制诗三集》卷十九

续表二

	印文	原句	诗文名	出处
第3开	仁寿镜呈献寿图	光明杯照圆明镜，仁寿镜呈献寿图	《上元灯词八首》	《御制诗三集》卷六十二
	大德得其寿	大德得其寿，慈龄仰正如	《德寿寺》	《御制诗四集》卷十二
第4开	红玉檠承万寿觞	金台玉盏漫称扬，红玉盘承万寿觞	《题钱维城山水花卉合璧小册》之《露湑霞觞（万寿菊、秋海棠）》	《御制诗四集》卷十八
	乐寿接颐和	乐寿接颐和，他年待有那	《颐和轩》	《御制诗四集》卷六十五
	一老百年登寿帙	一老百年登寿帙，元孙五代喜同堂	《四川达州百岁寿民张子翼五世同堂诗以赐之》	《御制诗五集》卷十一
	眉寿用蕲绾莫穷	烈光怀保虔不坠，眉寿用蕲绾莫穷	《题晋姜鼎》	《御制诗四集》卷十
	虚空万古静为寿	虚空万古静为寿，峰色四邻恒与宁	《寿宁寺》	《御制诗四集》卷八十
	箕畴五福居一斯寿	箕畴五福，居一斯寿	《刻丝三星图颂》	《御制文二集》卷三十七
	寿酒介春觥	雕弧悬夏令，寿酒介春觥	《康亲王七旬寿辰诗以赐之》	《御制诗初集》卷十四
	乐易斯长寿	乐易斯长寿，令闻乃大年	《工部侍郎德龄有贤母诗以赐之》	《御制诗初集》卷十五
第5开	于今多寿者	于今多寿者，允惟丁皂保	《三多谣》	《御制诗二集》卷十七
	庶使此图更因寿	还续长年当自讼，庶使此图更因寿	《余既辨明黄子久山居图即富春山居图乃叠旧韵更为长歌以书其后》	《御制诗初集》卷三十七
	宝阁便成无量寿	宝阁便成无量寿，琉璃界道瑞莲端	《元夕灯词》	《御制诗二集》卷四十五
	藉以永厥寿	檃括书图中，藉以永厥寿	《再题李唐江山小景叠旧作韵》	《御制诗三集》卷五
	如冻梨貌寿而贞	如冻梨貌寿而贞，出从谁氏之佳城	《汉玉辟邪璧》	《御制诗三集》卷十三
	应知寿比松	早是心如水，应知寿比松	《赐闽浙总督苏昌》	《御制诗三集》卷四十七
	鹤亓性人寿其似	鹤其性人寿其似，会看劫火有寒灰	《过嘉兴再和钱陈群田园杂兴十首》	《御制诗三集》卷二十一
	永明及寿宁	永明及寿宁，名已屡改瞻	《净慈方丈咏古》	《御制诗四集》卷七十一
第6开	万寿灯明卍福全	万寿灯明万福全，奉时行庆自年年	《上元灯词》	《御制诗四集》卷三十四

续表二

	印文	原句	诗文名	出处
第6开	寿世频开千叟筵	寿世频开千叟筵，敬祈宸藻例依前	《千叟宴联句用柏梁体（有序）》	《御制诗五集》卷十一
	大圆镜前礼无量寿	大圆镜前，礼无量寿	《绣线释迦牟尼佛赞》	《御制文二集》卷四十一
	胜彼兕觥卍寿筵	满擎沆瀣晓曦鲜，胜彼兕觥万寿筵	《题邹一桂秋花九种》之《万寿菊》	《御制诗四集》卷十六
	坚不如松寿胜松	坚不如松寿胜松，俯视群芳福独备	《五福堂对玉兰花叠去岁诗韵》	《御制诗五集》卷三十八
	饮泉仙致寿	饮泉仙致寿，布地佛称尊	《秋日即目用唐太宗爽气澄兰沼诗八句为题各赋一首（有序）》之《菊散一丛金》	《御制诗初集》卷四十二
	曰富曰寿曰颜泽曰多力曰身安	为食施五福相者五，曰富、曰寿、曰颜泽、曰多力、曰身安	《万寿山五百罗汉堂记》	《御制文初集》卷六
	鹿云介寿鹤称仙	鹿云介寿鹤称仙，点缀青松白石边	《莲池书院杂咏》	《御制诗二集》卷十六
第7开	岩秀原增寿	岩秀原增寿，水芳可谢医	《避暑山庄百韵诗（有序）》	《御制诗初集》卷四十三
	欣征人寿尊浮柏	欣征人寿樽浮柏，漫诩仙厨脯擘麟	《乾清宫宴亲藩即席赋句》	《御制诗二集》卷五十四
	却喜园林接寿山	韵翻七叠诗初度，却喜园林接寿山	《中秋帖子词七叠前韵（有序）》	《御制诗二集》卷六十四
	惟无量寿福无量	惟无量寿福无量，敛锡敷思遍九垓	《重修弘仁寺敬赞旃檀宝相》	《御制诗三集》卷七
	永寿无终极	或貌彼九人，永寿无终极	《再用沈德潜游摄山十二首诗韵仍令沈德潜并钱陈群和之》	《御制诗三集》卷四十九
	寿何如之	仁者无不善，寿何如之	《知者乐仁者寿》	《御制文二集》卷二
	介寿还欣福似川	三阳发岁韶华富，介寿还欣福似川	《二十一叔慎郡王生辰诗以寿之》	《御制诗二集》卷十四
	见寿者相	现寿者相，金刚云无	《丁观鹏画十六应真赞》之《第十二毕那楂拉拔哈喇鏺杂尊者》	《御制文初集》卷三十
		现寿者相，存赤子心	《八征耄念之宝联句（有序）》	**《御制诗五集》卷五十一**
第8开	寿卍八千	在古九头，寿万八千	《丁观鹏摹贯休十六应真像赞》之《第十二毕那楂拉拔哈喇鏺杂尊者》	《御制文初集》卷二十九

	印文	原句	诗文名	出处
第8开	寿世熙民宜赋咏	寿世熙民宜赋咏，或殊麟凤纪祥篇	《山东巡抚长麟奏济南百岁寿民赵琳五世同堂诗以纪瑞》	《御制诗五集》卷三十四
	鞠泉益寿传佳话	菊泉益寿传佳话，孰谓痕都识琢镂	《咏痕都斯坦白玉益寿壶》	《御制诗四集》卷七十八
	寿缘最高	寿缘最高，发无霜毫	《丁观鹏画十六应真赞》之《第九拔嘎沽拉尊者》	《御制文二集》卷四十一
	献寿南山罍醴浮	扼吭北鄙丸泥固，献寿南山罍醴浮	《科尔沁归化最久世结姻盟今过其扎萨克见王公以至舆隶咸倾心效顺出于至诚实可嘉也》	《御制诗初集》卷十七
	珠躔应寿星	质禀庚辛色，珠躔应寿星	《瑞麑诗六韵（有序）》	《御制诗二集》卷三十
	我以尔寿	尔因我传，我以尔寿	《再用旧韵题黄子久富春山居图》	《御制诗初集》卷三十九
	寿星传古貌	寿星传古貌，玉局是前身	《项元汴竹石》	《御制诗初集》卷四十四
第9开	桂月光浮卍寿觞	桂月光浮万寿觞，往岁欢娱忍重说	《西风》	《御制诗二集》卷六
	可汗起奉酒称万寿	式宴陈舞，可汗起奉酒称万寿	《普宁寺碑文》	《御制文初集》卷十九
	寿德醇风耀闾里	寿德醇风耀闾里，褒恩骈叠允宜膺	《山东巨野县民姚宏毅年一百一岁妻年一百岁齐眉难老人瑞所希因成是咏赐之》	《御制诗三集》卷五十八
	疋化育材欣寿世	雅化育材欣寿世，宏恩锡类祝慈云	《江西兴安县举人李炜年跻百龄来应万寿恩科会试三场纳卷神采倍增洵为熙朝上瑞虽榜放未经入彀特赐国子监司业职衔加赏内府缎匹并亲制诗以纪盛事》	《御制诗三集》卷九十七
	华言福寿等须弥	华言福寿等须弥，建以班禅来祝厘	《扎什伦布庙落成纪事》	《御制诗四集》卷七十五
	是谁欲上南山寿	是谁欲上南山寿，宛见松苍鹤为友	《题烟云集绘册》之《宋迪南山松鹤》	《御制诗四集》卷九十
	其寿端由在朴间	虽雕而自戒奇特，其寿端由在朴间	《咏三松刻秋菘竹根笔筒》	《御制诗四集》卷七十五
	一曰寿实花之身	一曰寿实花之身，种时与我同庚真	《五福堂对玉兰花二十韵》	《御制诗五集》卷二十九

	印文	原句	诗文名	出处
第10开	迎銮祝寿陪臣价	迎銮祝寿陪臣价，按辔跸途赐谒温	《赐朝鲜国王李算》	《御制诗四集》卷九十九
	共迓天恩而益寿	爰稽家法以开筵，共迓天恩而益寿	《千叟宴联句用柏梁体（有序）》	《御制诗五集》卷十一
	宁寿乐寿堂	宁寿乐寿堂，原可同斯义	《题乐寿堂（在万寿山清漪园者）》	《御制诗五集》卷十二
	献春将介寿	献春将介寿，瑞拥大安舆	《戊辰春帖子》	《御制诗二集》卷一
	安乐老寿	咸得福庆，安乐老寿	《阐福寺碑文》	《御制文初集》卷十六
	得寿拟彭篯	成名后梁颢，得寿拟彭篯	《翰林院侍讲刘起振年一百三岁自粤东来浙迎驾诗以赐之》	《御制诗二集》卷二十五
	无量寿佛卍字胸坐莲花须者其寿尽与无量寿佛同	中有一朵青芙蓉，无量寿佛卍字胸。坐莲花须者其寿，尽与无量寿佛同	《登云罩寺定光塔作歌》	《御制诗二集》卷三十二
	苍松本寿客	苍松本寿客，何致生意灭	《万松寺》	《御制诗二集》卷五十五
第11开	有人我寿者众生	若说一花开五叶，有人我寿者众生	《偶仿郑重达摩渡江并题以句》	《御制诗三集》卷八十一
	无量寿希与佛同	瓣香心愿于何结，无量寿希与佛同	《诣溥仁寺瞻礼》	《御制诗三集》卷八十四
	即是万寿图	将以祝遐龄，即是万寿图	《自长城岭至台怀再依皇祖元韵》	《御制诗三集》卷十一
	万寿增如大海并	一人养合天下共，万寿增如大海并	《至宝稼菅作》	《御制诗四集》卷三十五
	亿万人增亿万寿	亿万人增亿万寿，泰平岁值泰平春	《元旦试笔》	《御制诗四集》卷一
	延寿戬禧晖吉语	延寿戬禧辉吉语，朗迎凤扆献嘉祥	《上元灯词》	《御制诗四集》卷四十二
	六星惟寿	六星惟寿，如现于西	《刻丝三星图颂》	《御制文二集》卷三十七
	寿为初祜	于九详焉，寿为初祜	《五福颂（有序）》	《御制文二集》卷三十七
		上下之情，寿为初祜	《洪范九五福之一曰寿联句（有序）》	**《御制诗五集》卷六十一**
		溯自长年书亥，寿为初祜之文	《洪范九五福之五曰考终命联句（有序）》	**《御制诗五集》卷九十三**
第12开	嘉夜宝灯辉卍寿	嘉夜宝灯辉万寿，丹墀华柱迴双撑	《元宵乾清宫家宴即事成什》	《御制诗五集》卷二

	印文	原句	诗文名	出处
第12开	众生登寿世	众生登寿世，慧炬永光明	《须弥福寿之庙碑记》	《御制文二集》卷三十
	益寿何须九转丹	读书未懈平生志，益寿何须九转丹	《大学士高斌七十寿辰诗以赐之》	《御制诗二集》卷三十二
	万寿齐朝衣与冠	中宫初正名偕位，万寿齐朝衣与冠	《万寿日题（有序）》	《御制诗二集》卷十九
	介寿祥征亚岁骈	慈闱明日称觞庆，介寿祥征亚岁骈	《冬至南郊》	《御制诗二集》卷二十一
	苍官寿客结好友	苍官寿客结好友，白石青莎依秀原	《邹一桂松菊图》	《御制诗二集》卷四十一
	普度恒河沙数众生 举登安乐寿命世界	以清净妙香，普度恒河沙数众生，举登安乐寿命世界	《梵香寺碑文》	《御制文初集》卷十八
	江山介寿庆如何	养志延禧遵昔躅，江山介寿庆如何	《金山寺再依皇祖诗韵》	《御制诗二集》卷六十八
第13开	无量寿如是我闻寿 超一切两足尊	无量寿如是我闻，寿超一切两足尊	《正定隆兴寺礼大佛叠旧作韵》	《御制诗三集》卷十二
	万寿叶贞符	万寿叶贞符，固予愿所喜	《万寿寺》	《御制诗三集》卷十二
	个个来沾祝寿筹	飞仙惯注金光箭，个个来添祝寿筹	《上元灯词》	《御制诗三集》卷九十四
	少者扶其寿	迎跸纷夹涂，少者扶其寿	《五依皇祖示江南大小诸吏韵》	《御制诗四集》卷六十八
	一般扶老称灵寿	一般扶老称灵寿，祝噎何如报喜佳	《咏和阗玉喜鹊杖头（有序）》	《御制诗四集》卷五十五
	称觞献寿自家家	九陌千门共嘉节，称觞献寿自家家	《上元灯词八首》	《御制诗四集》卷八十六
	盛时寿冠众黎元	江夏民登一百二，盛时寿冠众黎元	《湖北巡抚惠龄奏百岁寿民吴国瑞孙曾四世一堂诗以志事》	《御制诗五集》卷四十四
	际此繁滋仁寿世	际此繁滋仁寿世，益廑怀保念无遑	《四川达州百岁寿民张子翼五世同堂诗以赐之》	《御制诗五集》卷十一
第14开	颂是曼寿	衍绎范言，颂是曼寿	《五福颂（有序）》	《御制文二集》卷三十七
	万年征寿永	万年征寿永，三秀应祥生	《赋得风动万年枝（五言六韵得名字）》	《御制诗二集》卷三十五
	寿庆肇三阳	慈宁开六帙，寿庆肇三阳	《辛未春帖子词》	《御制诗二集》卷二十二
	敷天寿域庆方长	正值慈宁开六帙，敷天寿域庆方长	《辛未元旦》	《御制诗二集》卷二十二

	印文	原句	诗文名	出处
第 14 开	智者乐兮仁者寿	智者乐兮仁者寿，皇山洞庭夫何有	《青芝岫（有序）》	《御制诗二集》卷二十八
	祝寿外藩称内吏	祝寿外藩将内吏，承欢万载复千秋	《上元灯词》	《御制诗二集》卷五十四
	酬节介眉寿	上林及邸第，酬节介眉寿	《即事》	《御制诗三集》卷二
	采屏延寿玉麟州	宝帖宜春金薤墨，彩屏延寿玉麟洲	《新正瀛台》	《御制诗三集》卷十七
第 15 开	试看骅骝寿	试看骅骝寿，谁云凋丧曾	《题韩幹马性图》	《御制诗三集》卷三十六
	献寿都为海屋筹	飞空万道金鱼箭，献寿都为海屋筹	《上元灯词》	《御制诗三集》卷三十六
	即见无量寿身而为说法	以是助宣政教，永阐慈仁，即现无量寿身而为说法	《重修弘仁寺碑文》	《御制文初集》卷二十一
	正寿之庆	正寿之庆，群臣例当进献辞赋	《古稀说》	《御制文二集》卷六
	鼎篆旋成寿字文	椒花自献祥图颂，鼎篆旋成寿字文	《元旦试笔》	《御制诗四集》卷四十一
	峙成寿字傍长春	湖石边旁古柏身，峙成寿字傍长春	《题汪承霈画二幅》	《御制诗五集》卷三十九
	是无量寿是两足尊	是无量寿，是两足尊	《卢楞伽无量寿佛赞》	《御制文初集》卷三十
	因之寿莫穷	翻以地辞故，因之寿莫穷	《咏竹根钵》	《御制诗二集》卷八十六

按： 和珅、金简呈进『宝典福书』『元音寿牒』组印及印谱的时间在乾隆五十五年（庚戌）元旦之前（乾隆五十四年内），故所有印文亦应选自乾隆五十五年之前的乾隆帝御制诗文。查清高宗《御制文二集》收录乾隆二十九年至五十年、《御制文三集》收录乾隆五十一年至六十年的乾隆帝御制文，而《宝典福书》《元音寿牒》中并无出自《御制文三集》的印文。又《御制诗五集》收录乾隆四十九年至六十年的乾隆帝御制诗，其中从卷五十一开始为庚戌年及之后的诗作，故印文应出自《御制诗初集》至《御制诗五集》卷五十。表格『出处』一栏中标为黑体的几处，或是出自收录乾隆帝皇子时期所作诗文的《乐善堂全集》（《乐善堂全集定本》），或是出自《御制诗五集》卷五十一之后，尽管其诗文中包含与印文相同的语句，但应该并非《宝典福书》《元音寿牒》印文的出处之一，仅在此同予列出。另外，个别御制诗文正文后附加的注释中亦有与印文相同的词句，该诗文名则未在表格中列出。